美國生活實用
法律手冊

a Handbook for Everyone

American Laws 101

推薦序

　　因為我曾處理過六千多宗重大刑案，許多美國媒體都把我戴上「現代福爾摩斯」、「科學神探」、「現場證據之王」之類的稱號，其實我是一位非常平凡的人。許多記者都問我別人破不了的案件，到我手上都可以迎刃而解。我都回答說，經驗非常重要。其實，生活的經驗也同樣重要。

　　我記得我曾處理過一宗華裔工程師被指控強暴的案件。一對華裔工程師夫婦購買了二層樓的房屋，自己住在樓上的一層，他們將樓下的一層出租給一位女房客。有一次，女房客不付租金，多次催促都沒有回應。當時華裔房東為了省錢，並沒有想到要透過律師循法律程序來驅逐這名不付房租的房客。有一天晚上，房東單槍匹馬到二樓去，要求女房客說清楚講明白。誰知道，沒說上幾句話，女房客就打電話報警，然後動手將自己的衣服撕破，警察到來時，她聲稱被房東強暴了。警察看到哭泣著的女房客衣服被撕破，二話沒說就將這名華裔房東帶走。隨後檢察官以強暴罪來起訴這名房東。後來這名房東找上我，我檢驗了檢方所提供的證據，發現衣服的撕痕完全是自己動手的，並且警察並沒有對女房客作任何強暴驗身，檢方根本無法證實女房客曾被強暴過，後來陪審團裁定房東無罪而還了這名華裔工程師的清白。

　　我本人也是第一代移民，對移民在美國的生活及奮鬥心路歷

程頗有體會和同感。其中最大的一個感觸是，如果對美國法律不熟悉，很可能會像這位華裔工程師一樣，小事變大事，而引來不必要的麻煩。我所從事刑事科學領域與美國法律不可分開。我幾乎每天都與法官、檢察官、律師打交道。對美國法律總結起來有幾點心得：

第一、美國的法律是平等的。沒有任何人能超越法律之上。但是，法律是人制訂的。每宗案件有勝必有敗，有贏必有輸，因而結果未必對所有人都是公平的。儘管如此，並不表示美國法律就不公平。

第二、證據在美國的司法系統扮演重要的角色。每一宗案件都要有證據。就如民眾經常遇到的車禍案件一樣，民眾首先必須提供證據，證實是對方的責任，其次必須要證實自己有受傷，必須提供一些文件來證明，如救護車、醫院以及醫生的帳單等。沒有證據，難以讓陪審員信服。

第三、請專業的律師非常重要。我剛到美國時，身上帶著一瓶「萬金油」，不管什麼毛病都擦一下。但是，遇到法律問題，就不能用「萬金油」。美國的律師眾多，但是都有自己的專長，新移民遇到法律問題時，應尋找到專精自己這類問題的律師。律師有好的，有一般性的，也有不少是這個領域的「壞蘋果」。找對律師，往往能事半功倍。例如，你有刑事的問題，找上的律師是專精稅務業務，你的問題可能解決不了，而且可能小事變大事。

新移民對美國法律的認識及瞭解非常重要。十多年前，鄧洪在世界日報任記者時，我們就認識。後來他獲取到法律博士學位並成為律師。在他成為律師前，他替我整理出版了首本《神探李昌鈺》的書籍。這次，鄧洪律師從繁忙的律師業務中抽空整理出

這本法律書籍，向新移民介紹消費者權益，總結一些處理美國法律問題的經驗，我相信對新移民瞭解美國的法律將有很大的幫助。

李昌鈺 博士
二零零二年十二月二日于洛杉磯

自序

十多年前，筆者在就讀新聞學院時，曾在國家電視公司(NBC)替美國知名的消費報導記者David Horowitz作實習記者。當時他主持的消費者權益節目「Fight Back！」在美國觀眾中影響如日中天，跟隨這名記者的半年時間，給筆者留下深刻的印象。他在節目中使用的慣語「Don't Get Ripped Out, Fight Back！」(不要受人欺騙，定要據理力爭！)，一直是筆者的座右銘。

後來，筆者在華文媒體從事記者的工作，其中最大的興趣是替華裔消費者打抱不平，撰寫文章教育華裔消費者如何保護自己。也是因為這一原因，筆者在跑新聞的同時還抽空攻讀法學院。後來成為律師，仍然沒有放棄消費者權益這一領域，在繁忙的法律工作中，抽空在華文媒體發表一些法律常識的文章。

到美國從留學生、到記者、到律師這十六年間，筆者或親歷、或報導、或處理過無數騙案，一直覺得華人社區缺乏一本能讓華裔新移民瞭解自己權益及美國法律的書籍。華文書店有許多有關移民類的書籍，但是並沒有一本完整地介紹美國生活的中文法律手冊。從事律師以來，筆者一直留心收集這類資料，準備在適當的機會下整理出書。剛好有機會結識瀛舟出版社趙慧娟社長，她不僅才華出眾，而且具有強烈的社會責任感，對華裔移民

在法律上的困擾與筆者頗有同感，欣然承諾促成此書。洛杉磯知名記者孫衛赤先生曾多次採訪筆者，與筆者成為非常要好的朋友，在筆者的力邀下，也加入了撰寫的行列。

　　筆者在美國奮鬥期間，得到自己家人以及不少法律界、政治界、商界、新聞界等行業的朋友支持，他們對筆者的支持都不求回報，毫無怨言。筆者唯有借此書來回報所有親朋好友這些年來對我的關懷及愛護。

　　由於美國每個州的法律都不一樣，本書只能向讀者提供一般性的法律常識，僅作為參考而已。如果遇到法律上的問題，應諮詢自己的律師。法律每天也在變，書內的一些內容也會因為新的法例而有所不同，讀者可以到筆者的網址瞭解一些新法例的動態：www.denglaw.com。

　　切記：不要受人欺騙，定要據理力爭！

鄧洪律師
二零零二年十二月一日
於洛杉磯

目　録

第一章 美國生活與法律

1．入鄉隨俗，瞭解美國法律

　　美國是世界上法制最完善的國家之一。無論在美國生活、工作還是短期學習，都需要與法律打交道。不過由於東西方觀念及社會文化背景方面的差異，許多來到美國的移民，特別是中國的移民有一種模糊的認識，認為凡涉及到法律方面的問題都是有錢人的事情。反觀老美，生活中像婚喪嫁娶、買賣房屋等大大小小的事情，總是通過律師進行處理。而生活在美國的中國人卻總是在發生問題的時候才去找律師，臨時抱佛腳，結果往往是事倍功半。因此在日常生活要養成良好的習慣，對一些事情的處理有事先預防，不要等到出現問題的時候再找律師的生活習慣非常重要。我們的生活與法律可以說是息息相關的。在下列這些情況下，我們都應考慮到法律的後果及影響，最好是事先諮詢律師：

　　一、在個人或家庭生活面臨重大轉折，須要進行決策時，應向律師求助。如結婚離婚、大宗買賣等等重大問題時，或處在人生的十字路口要做出決策時，或這決定將對今後的人生產生重要影響時，或在不知道法律的情況下往往會走錯路時，律師可以提供建議，避免走錯路或繞遠路。預防勝於

治療，法律也是如此。

二、在感到受到不公平待遇的時候，應求助律師以維護自己的權益。如因爲膚色、種族和性別等受到歧視時，或自己沒有得到公平的對待時，求助律師可以知道自己的權益。我們華人在美國是屬少數族裔，因爲自己的膚色及文化背景而常常會遇到不公平的待遇，當遇到不公平時，應依理力爭，透過法律途徑來討回公道。

三、在別人認爲你對他不公平時，應向律師求助。我們華人都喜歡自己做老闆，從僱用職員到開除職員，從客戶往來到售後服務，都可以出現潛在的問題，當他人覺得你決策不當，處事不公，如員工認爲你對他的待遇不公平，或女性員工指責你「吃豆腐」而涉嫌性騷擾行爲等情況發生時，你應該馬上向專業律師查詢，防患於未然。

四、在合約簽字之前，應讓律師過目。我們華人都有通病，在簽署合約前儘量省律師費，出現問題時才找律師救火，有時已經爲時太晚了，因爲簽字後的合約已經生效，此時再找律師打官司花費會更高，而且相當麻煩。但是在簽字前找律師，律師可以透過合約預見未來可能發生的問題，作適當的建議。花點小錢，可以避免更大的損失，可謂事半功倍，我們華裔新移民應學會這種做法。

五、在遇到複雜情況自己無法做主時，應找律師出主

意。在生活或工作中可能經常遇到一些很複雜的情況，令你無法拿定主意，如購買大型工廠、收購商家或成立公司、解決移民身份問題等等。對大部份民眾來說，這些複雜的情況很少遇到，很難自己能對整宗案件的未來進展及其他變通方法有通盤的瞭解。求助專業律師不僅可以評估自己決策的法律後果，而且還可以讓律師替自己出些主意。俗語說，當局者迷，旁觀者清。經驗豐富的律師可以成為自己的「軍師」。

六、當自己感到對方沒有履行合約時及政府工作人員違規作業或不按常理操作時，不應委曲求全，應透過律師替自己據理力爭。比如，移民局人員越權要你的電話號碼和在非工作時間向你家裡打電話、約你出去吃飯並表示如果你不答應他將拒絕你的申請。某些害群之馬為貪圖私利或個人慾望，利用新移民對美國法律不熟悉及華裔移民怕事或息事寧人的弱點，做出一些超越自己職責或違反職業道德事情，這時一定要找律師保護自己。

七、在被警察逮捕或涉及到刑案時，不應病急亂求醫，應尋找專業律師的援助。自從911事件後，美國對非美國公民的新移民不再像以往一樣以禮相待，如涉及刑事案件，不僅可能因為案件而坐牢，而且還可能影響移民的身份問題。而大部份

　　　　律師都沒有處理過刑事案件，任何案件都作的律
　　　　師未必能洞察刑案之微妙及未來轉換身份的影
　　　　響，因此當自己或自己的親友不幸遇到這類的情
　　　　況，應仔細比較，慎重決定代表的律師。

　　在許多華裔新移民所涉及的案件中，大部份案件都是由於
新移民對美國法律不熟悉而按自己在原居住國的習慣處理問題
而導致犯法。例如東南亞地區的移民喜歡吃狗肉，但是在加州
殺狗就會犯法；很多來自中國大陸的移民在購物時把孩子留在
車裡，由於美國兒童被綁架的情況時有發生，加之加州氣溫炎
熱而可能導致孩子受傷，因此把孩子短暫放在車裡而無成人照
顧也會觸犯法律。

　　太多的情況是由於不懂法而犯法，而很多華人朋友常常以
此為理由，「哎呀，我不知道」，以此來求得法官的寬恕。殊
不知，大部份法官都會說，「身在羅馬，就必須按照羅馬人的
方式來生活」，要在美國生活，就必須入鄉隨俗遵守美國的法
律。因而，在美國，不懂法律不但不能成為你的辯護理由，法
官反而會因此加重對你的處罰，以讓你牢記住這些經驗教訓。

2．如何避免法律問題的困擾？

　　在美國生活，除了要瞭解美國的法律及合理地運用美國的
法律，還要學會一些避免法律問題困擾的知識和技巧，這樣可

以減少很多不必要的麻煩，生活和事業會更加順心。我建議大家要注意以下幾點：

一、瞭解並遵守美國法律，絕不能知法犯法，更不能有僥倖的心理。如酒醉駕車、闖紅燈、體罰小孩等等，即使警察沒有發現，但是美國民眾的法律意識很強，看到你有這些違法行為，他們可能會舉報。例如許多華裔夫妻吵架甚至大打出手的家庭暴力案件，舉報人往往不是夫妻中的任何一人，而是他們美國的鄰居。

二、做任何事情都要三思而行，要考慮到可能發生的風險，最後行動向律師諮詢，清楚地知道自己的所作所為可能引發的法律後果。

三、運用常識或常理(Common Sense)來做決定。常識或常理可以使你瞭解到什麼是可能，什麼是不可能。比如華文媒體經常會登郵局招聘職員的廣告，如果按常理找郵局的工作，直接去郵局詢問就可以了，沒有必要找中間的公司。另外在華人社區經常遇見的是投資騙案，騙子經常會在華文分類廣告中做出諸多的承諾，如承諾投資不單止可以保本，而且投資報酬率高達百分之二十五，銀行定期存款最高的利息也不到百分之五，何來百分之二十五給你？另外有些投資公司知道一些新移民急於找工作，便招聘新移民，剛開始時給他們高額的薪資，同時不斷給這些新職員施加壓

力,讓職員們拉他們的親友投資,親友的資金往往幾個月內就被投資公司「輸掉」,這些人明知道這是違反常理,但是由於貪心而放鬆警惕,最後上當受騙。

四、在商談重要合約時,一定要有書面簽字。中國人有個習慣,談業務時大家混得很熟,稱兄道弟;談合作時一拍胸脯,「保證沒問題」。但是在美國一定要按法律程序辦事,「先小人,後君子」,合約上簽字後再按合約的條款辦事,特別是重大的工程或買賣的合約更是如此。

五、購買足夠的保險。在美國,保險可以被認為是一張安全網。兒童、醫療、住房和汽車等都要有保險,許多新移民在剛買車時都覺得汽車保險太貴,而不願意買,結果發生交通意外時,如果是自己的錯,問題就很大,不僅要賠償別人的損失,還可能因為沒有購買保險被警察開罰單,即使是對方的錯,也因為自己沒有保險而得不到全部的賠償。如果你開餐館而沒有購買商業責任保險,萬一客人吃到骨頭而要求餐館賠償時,你的餐館生意很可能就做不下去了。購買必要的保險,才能降低風險。

六、要發揚中國人勤儉持家的好傳統,能節省就儘量節省。雖然美國是一個建立在信用基礎上的國家,信用卡給民眾的生活帶來極大的方便,不過

要記住「羊毛出在羊身上」。開始使用信用卡時可能有種種優惠，但是後來利息可能會很高，因此要格外小心。

七、切記「己所不欲，勿施於人」，自己不想做的，千萬不要強加在別人身上。有些新移民到美國後有過被騙的經歷，但是時間長了以後往往產生了「以前我被騙過、現在要在別人身上撈一把來補回一局」的想法，因此用以前自己被騙的手法來騙更新的移民。這樣形成的惡性循環，使騙案永無休止地在華人社區發生，從而讓美國主流社會及執法機構覺得華人都是在騙自己華人的迷思。只有我們自己華人改變自己的觀念，並以身作則，在受騙後積極教育新移民，幫助他們避免重蹈覆轍，才能根除「華人騙華人」的問題。

八、千萬不要與執法人員爭執，「好漢不吃眼前虧」能保住你的命。就算警察方面沒有道理，也不要先爭執，爭執會造成警方的誤解。由於美國憲法賦予民眾持槍的權利，執勤的警察在訓練時就學到，要保護自己的安全，警察必須假定他所遇到的每一位民眾都可能是持槍的危險人物。在現場上，如果不服從警察的指揮，你可能會被誤會為危險人物，一旦舉動可疑，警察很可能會搶先行動以先發制人。一旦警察搶先行動，很可能會為自己的安全而射擊你的要害，警察為了避免將來

的民事索賠，他們可能先給你定上某種罪名，防止你狀告他。因此當警察攔你下來詢問時，要冷靜，沉住氣。

九、不要不理會國稅局，在美國不報稅是違法行爲。即使你或你的公司宣佈破產，國稅局也會同樣追上來。獲得綠卡的民眾更要按章報稅，否則你的花旗夢可能就此破碎。

十、「兔子不吃窩邊草」，不要在本公司內「吃豆腐」。據統計，發生在公司內部的騷擾案件有上升的趨勢。如在公司內隨便講一個「黃色笑話」，就有可能成爲同事起訴的理由。

十一、要承擔起對自己子女的責任。在美國對拖欠自己子女贍養費的案子越來越重視，這不僅涉及到民事官司，也牽涉到刑事案。生父和生母對子女的責任是共同的，如果任何一方不履行自己的責任，檢察官可以以刑事罪進行起訴，其結果將影響當事人取得相關的專業執照。

十二、應該避免做合夥生意，這類的教訓太多。如果生意賺錢，很可能在分錢方面出現問題，如果生意不賺錢，雙方在責任的承擔方面又會發生衝突。假若堅持要合夥做生意，一定要特別謹慎。

十三、「未雨綢繆」，應該對自己的遺產作出預先的安排。談到遺產往往與死亡聯繫在一起，這是中國人所忌諱的。但是在美國如果遺產不作事先的

規劃，在問題發生的時候政府通過稅收的方式可能會拿走很大的一部份，也會引發子女間為爭取遺產所產生的法律問題。

3.法庭上見See You in Court！(上)

人與人接觸，難免會產生誤會或矛盾。如果不誤會得不到化解，就會演變為矛盾，如果矛盾得不到妥善處理，就會演變為衝突。不過，美國社會都不贊成用肢體衝突來解決問題，往往解決不了問題時，都會順口而出，「See You in Court!」(法庭上見！)。

不幸的是，由於美國民眾習慣用法院來解決問題，因而養活了整個律師行業，使美國成為全球人聘請律師比例最高的國家。不過，透過律師打過官司的民眾都有同感，不管最後官司勝負，最終的唯一勝利者往往是律師，因為縱使客戶勝訴，但是扣除所有的開支及律師費用，加上自己所花費的時間及精力，往往是得不償失。如果是敗訴，既要賠償對方，又要付律師費用。

因而，近年一種稱為ADR(Alternative Dispute Resolution)的「另類糾紛解決方法」開始在法律界流行，也得到民眾的歡迎。這種另類的糾紛解決方法主要有分三種。第一是談判(Negotiation)，第二是調解(Mediation)，第三是仲裁(Arbitration)。在採用這些方法之前，應該和律師商量哪

種方法更適合於你。

一、談判：

　　談判是一種解決問題的溝通方法。運用談判的方式，可以通過律師或中間人進行溝通，可能會化解諸多的誤會。例如，美國近期有一宗離奇的鄰居爭執案件，當事人的鄰居的狗叫得很凶，導致他夜不能眠。這位當事人一肚子氣，但又不願出面去與鄰居進行溝通，他決定自己採取行動，到商店購買一些弒蟲藥，趁鄰居不在家，把鄰居的狗毒死，鄰居知情後覺得不解，如果當事人提醒他的話，他定會採取適當的措施來防止狗在夜裡叫，但是當事人並沒有跟他提過任何意見而竟自行動，結果這位當事人被以虐待動物的罪名起訴，最後陪審團判罰當事人有罪，後被法官判了一年多的牢刑。因此發生問題時最好是與對方溝通，如無法與對方溝通，可以通過第三者進行溝通，在溝通上最好用書面材料的方式，便於留下當時溝通的記錄；也可以通過律師寫信，要求與對方談判，否則將訴諸法庭。

二、調解：

　　調解是在雙方僵持不下，互不相讓的情況下，透過第三者來協調解決問題。許多法院都設有調解服務機構，法院也鼓勵律師擔任義務的調解員。調解員分別聽取雙方的說詞，瞭解雙方的要求，然後來回在雙方間協調，將雙方的距離拉近，從而使雙方達成大家都可以接受的協議。這種方法成效很大，而費

用不高，因而，越來越受到民眾的歡迎。例如，公司與公司發生糾紛，可以請調解人員做中間的調停，但是可能雙方都要付費。調解人員可以不是律師，通過www.abanet.org可以找到合適的調解員。

三、仲裁：

在談判及調解都無法解決問題時，仍可以嘗試一下與法院程序相近的仲裁方法。仲裁的過程實際上是非正式的法庭程序，仲裁官聽完當事雙方的證詞後做出判決，仲裁官往往是由退休法官或律師擔任。很多情況下，法庭在受理訴訟案後，在正式進行陪審團陪理前要求雙方進行仲裁。仲裁分成兩種形式，一種是仲裁結果不具法律約束力的，英文稱「Non Binding」，在這種情況下仲裁的結果是第三者的意見，如果任何一方不服，可以不接受，此時，案件就會進入法院的審理程序。另一種是有法律約束力(Binding)的仲裁，仲裁官的裁決就是最終的裁決，雙方都不能拒絕接受。越來越多的合約都規定如雙方發生糾紛，案件需交由仲裁方法來解決，如有此類條款，最好是與律師商量，確定仲裁是否爲約束性仲裁，並且仲裁的處理方法將來是否對自己有利。法院大都認爲仲裁條款是合法的，因而，合約如有約束力的仲裁條款，簽約者很可能失去將來進法院的權利。

四、「私了」 未必能私了！

應該特別指出的是，尋求法庭外解決的問題往往涉及到民

事訴訟。如果涉及到刑事犯罪行為，一定要知道涉及到刑事案的問題一定不能「私了」。所謂刑事案件就是違反法律的行為，只有檢察官才有權力決定是否要起訴，即使刑事案件的受害者同意庭外和解，但是並不能解決刑事方面的問題。如果被告想方設法與受害者談判私了，反而會被告妨害司法罪。許多新移民由於分不清刑事與民事之間的區別，而私自行動，採用「私了」的方式解決刑事案的問題，不單問題沒有解決，反而引發出一大堆問題。例如，甲打了乙，乙告訴甲，如果你不進行賠償我就報警或我找人「修理」你等，而乙提出的賠償額往往是遠遠高出實際發生的費用，甚至是巨額的。如果這些條件都成立的話，乙的行為則涉嫌勒索，乙由有理變成沒理並犯法。

4. 法庭上見 —— 小額法庭（下）

一、真的要上法庭嗎？

如果透過庭外解決的方法仍未奏效，你就要決定是否要堅持進入法庭的正式程序。許多民眾誤以為只要在法院獲勝，敗方就要自動賠償自己的律師費用。其實，在美國，民眾要為自己花律師費，勝訴後可以要求法院裁決敗方付律師費，但是，法官未必會這樣做，到頭來，縱使自己勝訴，仍是要花大筆律師費用。在花費大筆律師費前，應先考慮兩個因素：第一，自己的勝算機會有多大，每位民眾都覺得自己有理別人無理的情

況才會決定採取法律行動，但是，最終決定勝負的並非你自己或你的律師，而是坐在陪審員位置上的普通民眾，除要瞭解自己的長處及短處外，也應瞭解對手的長處及短處，這樣才能作出明智的抉擇；第二，如果自己勝訴的話，是否可以獲得賠償，有許多的案件雖然法院的記錄是你勝訴，但是你眞正到手的賠償金額可能是零或少得可憐，因爲敗方早就轉移財產或者宣佈破產，縱使你勝訴，到手的不過是一文不值的判決書。

二、該去哪類法庭？

一旦決定要打到底，你就要對美國的法庭系統有所認識。美國的法院有聯邦法院和州法院兩大類。有許多案件是既可以在聯邦司法系統審理，也可以州的系統審理，不同的系統可以有不同的優勢，遇到這類情況時，最好是請教律師，由律師來決定哪一系統對自己比較有利。

普通民眾所涉及到的案子百分之九十都是在州的法院進行的，州的法院透過市法院及縣高等法院來處理與民眾日常生活有關的民事及刑事案件。

聯邦法院處理的案件都與美國憲法及聯邦法有關，如移民法破產，走私人口，商標侵權等案件，以及跨州的案件，如涉及到跨州或跨國企業間的商業糾紛且涉及到的金額在五萬元以上等。聯邦法院審理觸犯聯邦法律的刑事案件及與聯邦法例相關的民事訴訟。聯邦的案件首先在聯邦地區法院(District Court)審理，如果雙方不服，可以上訴到巡迴法院，如果對上訴法院仍不服，最終可以告到聯邦最高法院。

　　美國雖然是一個聯邦政治體制，但是對各州的自主權及司法權也相當尊重。各州立法議員根據自己選民的需要而制訂出各自的州法，因而，各州在同一宗事務上可能有不同的法律規定。例如，在加州駕車，如果交通信號是紅燈，如安全的話，駕車人士仍可以右轉，但是如果在其他州，紅燈絕對不能右轉。各州對自己的司法系統也有一定的規定。

　　根據案件的性質及所涉及到的金額，州政府的法院也各不相同。一般而言，最基本的法庭為有限管轄權法庭(Limited Jurisdiction Courts)，其中包括地方法庭(Municipal Court)、交通法庭、小額法庭等。其處理的案件都屬於情節很輕或所涉及數額不高的案件；其次為普通州法庭(State Courts of General Jurisdiction)，也稱為縣法庭(County Court)、高等法庭(Superior Court)、地區法庭(District Court)等，他們所受理的刑事案件並沒有懲罰的上限，其受理的民事訴訟案也沒有數額的上限，並且大部份的案件都是交由陪審團來裁定。許多地方政府為節省開支，將有限管轄權法庭的功能與普通法庭合併起來，例如，在2000年，洛杉磯縣將地方法庭合併入普通法庭。

　　在普通法庭的更上一層，就是州的上訴法院(Courts of Appeal)，也稱中級上訴法院(Intermediate Appellate Courts)，如果民眾對普通法庭的裁決不滿，可以上訴到此層次的法庭，由上訴法院的法官裁定審理該案的法官是否有誤判或錯判。如果民眾仍不服，就可以上訴到州的最高法院(State Supreme Courts)，大部份上訴案件都到此為止，但仍有極小

部份案件會從此直接上訴到聯邦最高法院。

　　許多來自亞洲地區的民眾對美國的上訴法院都有誤解，認為可以在上訴法院進行第二次審理或在最高法院進行第三次審理。其實，美國的上訴法院及最高法院都不會將案件重新審理，而只著重考慮兩個因素，其一，上訴者的律師是否稱職；其二，審理的法官是否濫用了裁決權，即應該作為呈堂的證據被法官擋在法庭之外，不該作為呈堂的證詞或證據反而作為了呈堂證據。上訴法院有權直接推翻原審法院的裁決，但是這種情形較少，大部份都維持原判，如發現原審法官在某些重要證據及證詞上有誤判或錯判時，往往將案件退還原審法院，要求重審而不太可能直接否決原審的裁決。州政府及聯邦政府的最高法院並非會受理所有上訴案，往往會選出一些爭議性較強，或具有代表性，或影響較大的案件來作出裁決，因為美國的司法系統遵循案例(Case Law)，最高法院及上訴法院的裁決及解釋，往往影響到普通法庭的裁決，因而最高法院在選案時格外小心。

三、何為小額法庭？

　　民眾最常使用到的法庭是小額法庭(Small Claim Courts)。例如自己在乾洗店洗的衣服受到了破損而店家不肯賠償、鄰居的狗咬到自己而狗主不願賠償、別人拖欠你的錢而遲遲不肯還等等，你都可以告到小額法庭。小額法庭不需要請律師，但是提出訴訟的民眾必須遵守法庭的程序。首先，必須到法庭提交起訴狀並交納規費，其次，必須要將起訴狀及傳票

遞交到給被告，許多法院都會由庭警提供送傳票的服務，但要收取額外的費用，接著，在一定的時間內，法官就要開始審理這宗案件。

在審理過程中，法官往往只有幾分鐘的時間來聽取你的陳述，因而，你必須作充分的準備，在陳述時要簡明扼要，首先要證實對方負有責任，最好是先找到一些法律依據，再呈現一些證據，證實對方是錯的，其次要有證據證實由於對方的過失而導致自己的損失。

小額法庭的費用低廉，但是有一定的限制。尤其是在數額上的限制，例如，加州、科羅拉多州、哥倫比亞特區、內華達州、德州等州的小額法庭的最高限額為五千元，紐約、阿拉巴馬州等州的最高限額為三千元，另外，一些州還限制民眾一年內使用小額法庭的次數以免法庭被濫用。小額法庭是方便民眾處理日常生活中遇到的一些小事，因而程序也相當簡便，民眾可以到當地法院查詢一下小額法庭的程序及收費。

小額法庭不同於一般法庭，除雙方都不能請律師外，法庭並不會提供翻譯服務。因而，如果自己不懂英語，最好是帶上一位會說英語的朋友來幫忙翻譯。法庭並沒有規定一定要法院認可的翻譯官。此外，小額法庭的法官也很可能是義務到法院幫忙的律師，如對法官的裁決不滿，有些法庭還允許進入一般的法庭去上訴。

全美五十州開始在網上向民眾提供各類資訊，其中包括小額法庭、家事法庭、民事法庭等方面的資料，有些州法院甚至

提供法院的表格，費用以及案件進展情況。查詢各州及地方法院，可到www.ncsconline.org。有關聯邦法院的資料及當地的聯邦法院，可到www.uscourts.gov。

5. 如何分辨律師的真假？

在美國對律師有不同的稱呼。初學英語時，大家都知道「Lawyer」就是律師，Lawyer是美國民眾對律師最普遍的稱法。律師的另一種英語稱法是「Attorney」或「Attorney at Law」。還有一些新潮的律師覺得律師的職責是替客戶排憂解疑的顧問，而稱自己為「Counselor-at-Law」。而在法庭上，法官會稱雙方律師為Counselor，不管稱呼如何，律師經過嚴格考試及背景調查合格後，向法院宣誓成為司法系統一員，他們的職責是向民眾提供法律方面的建議及代表委託人出庭。

在美國，有幾個職業是擁有保密特權的，律師與客戶、醫生與病人、牧師與信徒等之間的談話及文件記錄是絕對保密的，一般情況下，就是法官也不能下令打破此保密特權。由於律師的特權，也為了避免律師到處搶他人的飯碗，再加上各州法規不一，各州對律師的資格都有嚴格的要求。

一般而言，成為律師要具備下列的條件，第一是必須從法學院畢業獲得法學博士學位，法學院分為二類，第一類為美國律師公會(ABA，American Bar Association)所認可的法學院，從ABA法學院畢業的學生可以到美國各州去考律師執照，

第二類爲非ABA認可法學院，這些學校由所在的州自己認可，從這樣的法學院畢業的學生只能申請所在州的律師執照考試。

獲得律師資格的第二個條件是要通過執照考試。考試內容主要包括選擇題及作文題，科題包括憲法、刑法、合同法、證據法、民事程序、刑事程序等，大部份州都要連考三天。第三個條件是必須通過個人背景的調查，以便證明申請律師執照的人個人品性良好，沒有重大犯罪記錄。第四個條件是必須宣誓，表明自己願意成爲美國司法系統中的一員，並且要堅守美國的憲法精神。

一旦獲得律師執照，律師就可以在所在的州範圍內提供所有方面的法律服務。但是律師如果要跨州提供法律服務，就必須獲得那一州的執照才能在當地的州級法庭出庭。不過，假若律師獲得州執照後，又申請聯邦法院的律師資格，他們就可以跨州提供與聯邦法相關的法律服務，例如，目前南加州有許多提供移民服務的律師，雖然他們並沒有加州的執照，但是如果他們在外州獲得律師執照，而在加州從業只提供涉及到聯邦法或聯邦法院相關方面的法律服務，如移民、商標、破產等，他們仍是合法提供法律服務的。

一般而言，如果擁有所在州的律師資格，律師可以提供全面的法律服務。不過，有些律師從事某項專業服務多年，對該類業務已相當熟練，也可以申請該項服務的專家資格。專家資格是由當地的律師公會核發，往往有執業年限及辦案數量等方面的要求。但是很多在某些專業很優秀的律師並沒有申請該專業專家的資格，因爲他們覺得有了律師的執照什麼案子都可以

接,沒有必要去申請專家的資格。據統計,美國執業律師大約
在三十萬到四十萬之間,申請了專家資格的律師不足百分之
三。

　　爲保持消費者利益,各地政府都有嚴格規定,如果沒有律
師執照而提供法律專業服務,均屬刑事罪,輕者罰款,重者坐
牢。1986年美國國會通過移民大赦法案,大批非法移民需要律
師援助,但因律師過忙或收費過高的原因,而引致大批非法移
民可能錯失機會,因而,加州等地的地方政府允許部份懂英語
的人士協助這些移民塡表格,這些移民顧問在大赦過後無生意
可做,從而開始提供各類移民法律服務。由於這些移民顧問不
受律師公會的管理,部份移民顧問公司在收到錢後不辦事,或
不懂法例亂辦事,或收到錢後銷聲匿跡,使新移民消費者利益
受損,因而,近年各地政府都立法,要求移民顧問公司向州政
府購置保證金,並要在廣告及合約中聲明自己並非律師且不能
提供任何法律服務。南加州華人社區新移民被冒牌律師欺騙案
件衆多,在南加州華人律師公會等組織的推動下,加州政府
2002年通過新的法案,將非律師人士提供移民服務的行爲定爲
重罪行爲,被定罪可被判罰一年的牢刑。

　　律師除受政府部門的管理外,還受律師公會的自律管理。
英文的BAR對律師行業格外敏感,一來,BAR可以說是酒吧,律
師行業壓力大,酗酒一直是律師界的問題;二來,BAR可以解釋
爲監牢的鐵杆,如果律師執法犯法,縱使律師也可能Behind
Bar(坐牢之意);三來,管理律師的律師公會也稱爲BAR,如果
被BAR找上門,肯定是律師被客戶投訴。

　　作爲消費者，要分辨出眞假律師，最簡單的方法就是到所在州的州律師公會(State BAR)的網站上，查詢律師的執照及以往被投訴紀錄，如果無法從律師公會中找到律師的記錄，就要格外小心。

6. 如何尋找到合適的律師？

　　保守的英國人士認爲律師是一個高貴的職業，打廣告做宣傳簡直是自己貶低自己，因而英國仍然保持律師不做廣告的傳統。但是，在美國，隨著社會的發展和市場經濟的發展，行業的競爭日趨激烈，律師的人數也越來越多，律師大作廣告才攬到生意，因此律師的廣告逐漸多起來，直到廣告「滿天飛」。佛羅里達州曾曾有一宗案例，一位律師爲了招攬車禍案件，除在醫院門外停泊一輛流動的宣傳車外，還購置監聽警方通訊系統的設備，有時和警察及救護車同時到達現場，甚至跟隨著救護車趕到醫院，目的就是說服受傷者成爲他的客戶，結果，佛州法院裁定律師的這種招攬生意方法不當，而禁止律師使用此方法，不過，許多美國民眾就把部份不擇手段來招攬生意的律師貶稱爲Ambulance Chaser(追逐救護車的人)。

　　看到眾多的律師廣告，如何尋找律師或如何尋找好的律師，有一定的竅門。

　　首先，通過親戚或朋友尋找律師，一般是比較可靠的。因爲他們有一定的經驗，對他們所推薦的律師的人格、能力和作

風都有所聽聞或瞭解，這應該說是最好的方法。

　　第二，通過自己信得過的律師來介紹同行。一般來說，每位律師都有自己拿手及專精的領域，就如醫生一樣，不可能樣樣都精通。一位負責的律師可能會坦誠表示自己對某些領域不瞭解，但是由於同行都彼此認識，對律師同行的瞭解也比較深，因而透過律師的推薦，往往可能會找到能解決自己問題的律師。

　　第三，可以向律師公會或當地的律師協會查詢，一般而言，律師公會(Bar Association)可以核對律師是否為公會會員，但很難知道其專業能力。值得注意的是，黃頁上有許多律師介紹機構(Attorney Referral)，這種機構是由一些律師付費參加的機構，他們設有熱線電話，向客戶推銷付費會員律師的服務。由於他們只推薦付費會員，因而，很難判斷他們所介紹的律師是否稱職。

　　近年華人社區開始流行一種叫做「預付(Prepaid)」的法律服務方式，客戶每個月繳納固定的費用，從而可以得到一些基本的法律服務，如寫律師信、在電話上提供服務及找專業律師時給予優惠的折扣等。有人稱為這是律師界的HMO(醫療健保計劃)，消費者透過預付計劃為自己避免法律糾紛購買了保險。但是這種方式並非適合每個人，由於大部份新移民都有語言方面的問題，預付法律計劃未必有華語的服務，另外，如果你所遇到的法律問題不是很多或不需要獨特的服務，就不需要每個月付錢。如果是做生意等經常會遇到法律方面的問題，可以採用這種方式。對這些人來說，花點小錢，可以享受到更多的法

律服務，這也是一種較為划算的計劃。

7．如何選擇律師？

萬一自己被捲進一場官司，或不小心觸犯法律，假如自己英文不錯且懂得一點美國法律常識的話，能否不請律師而自己出庭替自己辯護？

美國法律允許民眾自己出庭替自己辯護，但是在實際案件的處理上，特別是刑事案件中，法官不會鼓勵這樣的行為，他們會覺得你是在玩火，就像自己生病，但不想花醫藥費而自己替自己看病一樣。在刑事案件中，如果被告堅持自己辯護，法官仍會指派專業律師在旁協助，以免案件在上訴時被指責被告未得到適當的法律援助。自己親自出馬，既是案件當事人又是律師，往往會出現諸多的問題：

首先，一旦案件進入司法程序，當事人未必清楚案件的法律後果究竟是什麼，因為當事人沒有經過特殊的專業訓練，沒有經驗，沒有辦法知道如果官司打輸了可能面臨的後果會如何。

第二，一旦出現法律處於模稜兩可的情況時，當事人沒有辦法去處理，也不具有熟練的調查能力去尋求對自己有利的證據或解釋。美國法律中，很多案子的審判遵循過去更高一層法院的案例為指南進行處理的。當事人可以找到以往對自己有利的案例來替自己力爭，對方的律師也同樣可以找到對他們有利

的案例，但是沒有經過訓練的當事人與對手專業律師相比，在搜尋案例方面顯然是遜色的。

第三個不利的方面是，對自己代表自己進行申辯的當事人而言，你的對手是經過專業訓練的律師。這猶如打仗一樣，你自己毫無訓練，而對方是訓練有素和全副武裝的軍人。這樣的決戰場不僅不明智，而且結果是可想而知。

因而，美國法律界有一句話，如果律師自己被告而決定自己代表來進行辯護，這位律師一定是世界上最笨的律師。連律師都有這樣的經驗之談，民眾在遇到問題的時候，最好還是找自己的律師。

一、如何才能選擇到能替自己解決問題的律師？

首先應該通過電話聯繫的方式進行「過濾」。通過電話可以向律師詢問是否提供免費的諮詢服務、從業的歷史有多久、有無處理自己這方面案子的經驗或打贏過這類案子？往往通過電話的交談，自己可以感覺這個律師的態度如何、是否在處理類似的案件有經驗、在案子涉及的領域消息是否靈通等。

第二步就需要與律師進行面談。但是要記住，最好不要馬上在電話中就表明要聘用這位律師。談話時要注意有些律師面談是有收費的，因此面談之前要事先有所準備。許多情況下和律師坐下來一開始談話就可能開始計算時間，律師不是當事人，未必知道所有的事情，有時需要一至兩個小時才能瞭解清楚案情。因此民眾要把材料有條理的準備好，爭取一次就簡明扼要談清楚。在與律師面談時，還有做好商洽付款的方式及方

法的準備。

二、不要輕信保證！

在決定選擇這位律師前，消費者要考慮與律師簽訂合約的內容。委託律師辦案，一定要有書面文字材料。第一要考慮的問題是，由於法律上不允許律師對客戶做出任何的保證和承諾，律師只能憑自己的經驗估計案件的大致結果如何。如果你所面談的律師拍著胸脯，口口聲聲保證沒有問題，就要特別小心，因為將來案件會有很大的問題。律師違反自己的職業道德來打「保票」，並非表示律師對案件有信心，而只說明律師急於接你這個案，迫切從你口袋中將錢拿走。因為任何的案件都有諸多的影響因素，律師不可能預料如神，只能是按步就班，隨機應變，全心地解決各種突發狀況。千萬不要輕易相信律師的保證。

第二個所要考慮的是律師是否與案件有利益衝突。根據律師的職業道德法例，律師不能同時代表利益有衝突的雙方。例如，在震驚全美的比佛利山莊兄弟弒雙親案中，賀南德兄弟倆同時被起訴謀弒他們的父母，當時洛杉磯的一位著名女律師同時代表兩個被告，後來該律師被律師公會懲罰，因為該律師同時代表兩位被告而產生利益衝突。律師公會法官認為，律師不能同時代表利益可能發生衝突的兩方，因為如果同時代表兩人，就會失去指責另一被告的機會，因為任何一位被告都可能說，「不是我做的，是他做的」，如果同一個律師進行辯護，兩名被告都是她的客戶而都不能傷害，因而就可能放棄指責另

一被告的機會，從而會失去一個辯護的理由。所以一定要問清楚律師在此案中有無利益衝突。

最後需要考慮的是憑自己的感覺能否與律師進行良好的溝通及合作。當事人與律師事實上是一個團隊，律師是當事人請來的「專業槍手」，是幫你做事的，就如你聘請一個職員一樣。他能否理解你的狀況，能否聽取你的意見、能否提供一些有用的建議，以及你們能否愉快的合作等等，都可能會影響到案件的最終結果。

8．律師如何收費？

與律師交朋友都要十分小心，因為律師動不動就說，「我會將帳單寄給你」（I will send you the bill）。的確，律師和其他專業服務項目一樣，並沒有肉眼可見到的產品，而完全靠頭腦及時間來衡量。政府管理部及律師公會雖然有權管理律師，但是卻無權過問律師的收費，大部份的州在律師費方面只規定，律師向客戶收取的服務費應該合理。

究竟律師是如何收費？何種收費較為合理？

律師收費有三種方法：計時收費、分成方法和固定收費。

計時收費是每個小時收取一定的費用。一般需要客戶先付一部份定金，存在信託帳戶，律師按實際工作的時間從帳戶上扣錢，如果帳戶上的錢不足，客戶應該繼續往帳戶上存錢。選擇這種付費方式要小心，要自己多做些準備工作，少花律師的

時間；在與律師通話的過程中不要說些廢話和閒話，因爲通話的時間律師要收費。

分成方法的英文是「Contingency」。客戶不需要預付任何律師費，等到官司獲勝後，律師才從賠償金中分出一定比例的金額作爲律師費。車禍、狗咬、不當死亡等人體傷害案件大都採用這種方法。部份州政府對於勞工賠償案的分成比例有所規定，例如加州規定律師可以得到百分之十到百分之二十；涉及到醫療誤診及未成年人的侵權案件中，州政府對律師的報酬方面也有一些硬性的規定，不能超過某一限值。但是在大多數案子中，法律並沒有規定上限，一般而言，如果人體傷害案件不需要提供訴訟而直接與保險公司達成和解，律師可分三分之一，如果案件需到法院打官司才能解決，律師的工作量較大而可能收取賠償金的百分之四十作爲律師費用。

使用分成方法時，消費者應與律師談妥一些分帳問題，如誰預先支付必要的費用，如法院的費用、做口供的費用及翻譯的費用等。如果案子沒有打贏，這些事先付出的費用最後由誰來承擔。這些問題必須在委託的合同中明確。另外還應該明確分成的含義，是總收入的分成，還是扣除費用後淨收入的分成等。

固定收費(Flat Fee)是律師固定收取的費用。許多律師將案件分爲多個階段，然後接照每一個階段來收費。固定收費的方式對於客戶來說比較好，因爲客戶心裡有底，知道律師費不會是無底洞，知道最壞的情況下自己要花多少錢。在與律師商談固定收費時，要清楚地瞭解整個案件的程序及步驟，以及每

一筆律師費用所包括的服務項目。另外，還要談妥固定費用是否包括了法庭費用、翻譯費用和電話費用等額外或臨時的費用。

　　一般而言，民事訴訟以及上訴案件所涉及的步驟很多，時間拖得很長，律師大都要求計時收費，不過，律師每小時的收費是可以商談的，而刑事案件而言，以計時收費並非好，因為有些不肖律師本來早就可以結案，但是為賺取多些律師費而會故意拖延，相反地，固定收費方式可以鼓勵刑事律師儘快處理。不過，刑事律師都習慣先付費才開始著手，因為他們經常會遇到一些被警察誤會的案件，將案件撤消後，客戶都不願意再付費，因為客戶認為他們本來就沒有罪，自己案件被撤消並非律師的功勞。另一方面，如果律師處理的結果不如想像的那樣好，客戶也不願意支付律師費，在左右為難的情況下，刑事律師都會要求客戶先付費才開始處理。

9．炒律師的魷魚！

　　一般民眾是因為有問題才去找律師，但是，也可以因為找到職業道德不佳的律師而衍生出更多的問題。當客戶遇到不肖的律師時，該怎麼辦？

　　律師是同時受州政府及律師公會所管制，但是都是宣誓遵守法律而被列為司法系統的一員，並且要遵守律師的職業道德。客戶有隨時把所聘用的律師「炒魷魚」的權利，但是律師

一旦接手案子後還不一定能隨時「炒」客戶的「魷魚」。即使在客戶不付費，律師也必須經過法官的同意、在保證客戶的利益不受傷害的情況下才可以不再代表客戶。尤其是在陪審團開審前夕，接手的律師可能沒有足夠的時間來準備，法官都不太願意讓案件拖延下去，也因此不太願意讓律師打退堂鼓。如果感覺自己律師不稱職要換律師時，應該注意以下幾個問題：

首先要注意弄清楚律師的費用問題。尤其是使用分成的方法聘請律師時，如果要解聘律師，應該查一下有無「律師抵押書(Attorney's Lien)」，被解聘的的律師已經做了大量工作，但是如果沒有「律師抵押書」，縱使後來的律師爭取到高額賠償，被解聘律師以前的工作可能就白做了。因而，法律允許律師在分成的案件中放置「律師抵押書」，這樣客戶可以暫時不付律師費，等到案件打贏後，新接手的律師與原來的律師分享律師部份的金額。

第二，要注意的問題是，當你「炒」律師後，即使沒有付費或沒有完全付清律師費，律師無權扣留你的文件。律師扣留文件而傷害客戶的利益，是觸犯法律的。如果律師對客戶說，如果你不付錢我就扣留你的文件或將來移民局的通知，這是違反律師職業道德的，因為案件是屬於客戶的，所有的文件也是屬於客戶的，並非是律師的私有財產。另外，律師對自己客戶都必須忠誠，即使被客戶解聘，也不能採取任何對客戶不利的行動。

第三，當你懷疑這個律師不稱職的時候，應向其他律師詢問，徵求一下第三者的意見，看看有沒有什麼補救的方法。讓

美國生活實用法律手冊

獨立的專業律師評價你所聘請的律師做得是否妥當。

第四，可與律師公會(Bar Association)聯絡。每個州都設有律師公會來管理律師，這些公會擁有很大的權力，可以吊銷律師的執照。如果律師擁有外州的律師執照，也可以向律師查詢他們的執照是哪個州的，是屬哪個部門管理，執照號碼是多少等。如果發現有問題，也可以向發照的律師公會反映問題。在投訴前，應準備充足的證據，按照發生的時間順序列出與律師交往的經過，找懂英文的親友將經過陳列出來。

第五，如果客戶與律師之間發生的問題出於律師費的糾紛，客戶可以向律師公會提出仲裁的解決方式。所謂仲裁就是看律師收費是否合理，是否需要把錢退給客人。但是仲裁應該有證據，最重要的證據是客戶與律師的合約。每個州對簽訂合約的要求都不盡相同，如加州規定，律師收費超過一千元以上，律師必須與客人簽訂合同，客人也應該得到一份合同的副本。如果客人沒有，可以用書面的方式向律師索取。

最後，如果客戶認為律師在辦案時產生嚴重過失，因而給客戶造成嚴重損失時，客戶可以告律師「失職(Malpractice)」。所謂「失職」也就是指為律師在受理客戶案件時發生職業上的疏忽，客戶必須能夠證實律師沒有履行他所應該履行的職責。例如在人體傷害的案件中，如果意外事故是由於政府在修路時沒有放警告標記造成的，很可能是政府工作人員的過失。但是加州法律規定告政府一定要在事情發生後的半年之內提出，但是律師錯過了半年的時效期，受傷的客戶可能因此而不能向政府索取任何賠償，在這種情況下，客戶可

以去告律師。

第二章 理財法律

10. 如何建立個人的信用？

新移民剛來美國，最頭痛就是信用(Credit)問題，美國的社會是一個建立在信用基礎的社會，沒有良好的信用紀錄，在美國生活就非常困難，要租房子可能因爲沒有信用或信用不好，房東而不願出租，要購買房屋，也會因爲無信用或信用不好而申請不到房屋貸款。

美國聯邦公平信用機會法案(Federal Equal Credit Opportunity Act，全文可在www.ftc.gov網站上找到)規定，消費者的信用必須得到公平的對待。所有消費者在申請信用及向銀行等機構貸款時，必須受到公平的對待，政府或貸款機構不能因爲申請者的性別、婚姻、年齡、種族及是否接受政府補助而區別對待。一般情況下，相關機構在客戶申請貸款時不能詢問申請者婚姻狀況、不能查問是否用貸款來撫養小孩等，如果申請者在領取政府救濟或補助，政府的補助是可以作爲申請人的信用，貸款機構不能拒絕將申請人從政府獲補助列入收入。貸款機構所考慮的問題應該只是考慮申請人信用的可靠度，是否有足夠的能力來償還貸款而已。在申請貸款的過程中如果出現下述的三種情況，消費者就應該起疑心，懷疑貨款機構是否有歧視的行爲。

一、給申請者所提供的貸款利率與廣告上的利率或給
其他人的利率不一樣。

二、貸款機構的營業範圍爲整個城市，但是就是不向
某一個社區發放貸款。如只在白人區或猶太人居
住的地區發放貸款，而不在黑人或其他族裔居住
的地區發放貸款。這種情況下可以懷疑貸款機構
有歧視行爲。

三、貸款機構的行爲顯示出他們並不眞正想幫助客戶
貸款，對有關申請貸款方面的問題不作任何解
釋，也不告知客戶需要補充哪些資料貸款才會得
到批准等，不做任何努力去幫助客戶爭取到貸
款。聯邦貸款眞實法案(Truth in Lending Act)
要求貸款機構必須向民衆解釋貸款程序及相關的
內容，必須向申請者說明貸款計劃內的一些重要
項目，其中包括財務費用(Financial Charge)、
貸款的總金額是多少、APR(年利率Annual Per-
centage Rate)等。特別是APR非常重要，根據APR
可以對每個銀行的貸款利率進行比較。

在信用不好貸款被拒絕的情況下，消費者可以採取下列的
補救措施。如果是個人的信用報告出現問題，貸款公司一定會
告訴客戶是因爲信用報告的原因。客戶可以從信用報告下手做
補救工作。如果對貸款公司的決定不滿意，可以進行投訴。如
果認爲貸款公司有歧視的行爲，可以向民權律師進行諮詢，控

告貸款公司。

11．如何修理自己的信用？

　　信用在美國社會至關重要，但是政府對民眾的信用作並沒有任何管理，不過，許多企業都需要瞭解民眾的信用才願意提供貸款或服務。因而，民間的信用報告公司應運而生，目前美國有三家公司提供個人的信用報告。他們是透過商家、銀行、法院等渠道瞭解到民眾是否準時付款？是否會拖欠貸款？每年的收入大約有多少？債務的狀況如何等，經過整理後，信用報告公司就將這些非常隱私的資料出售給他人。

　　一般來說，信用報告一般包括九項內容，他們分別是：姓名及社會安全號碼、工作、僱主及薪資、所有的信用卡資料、政府所掌握的一些個人資料，如駕駛執照的號碼等、拖期付款的帳單記錄，如水電費及醫院帳單等、銀行跳票記錄，包括跳票的銀行賬號跳票的次數及跳票金額、拖欠信用卡公司或貸款公司的欠款記錄、逾期支付或拒付子女贍養費的記錄、收債公司提供的收債記錄等。

　　根據聯邦法例，信用報告公司不能夠在信用報告中公佈民眾的種族、宗教、醫療記錄、駕駛記錄、犯罪記錄、政治立場、破產十年以上的破產記錄和欠債七年以上的欠債記錄。法例還規定，在查看民眾的信用紀錄前，必須徵得當事人的同意，並且信用報告公司必須在信用報告中留下誰查看當事人信

用報告的記錄。

在申請貸款時，貸款公司可能會需要申請者的信用報告，以便考核申請者的申請資格，確定申請者有償還貸款的能力。因此在申請貸款前，最好先對自己的信用報告進行查證，如果發現裡面的資料不對，消費者可以花錢購買一份有關自己的信用報告。

這三家信用報告公司分別為：Equifax、Experian(前身為TRW)以及Trans Union，他們的聯絡方式如下：

一、Equifax (P.O.Box 105496, Atlanta, GA 30348-5496： Tel: 1(800)997-2493： www.econsumer.equifax.com)

二、Experian National Consumer Assistance Center, (P. O. Box 2104, Allen, TX 75013-2104： Tel: 1(888)397-3742： www.experian.com)

三、Trans Union (Trans Union LLC, Consumer Dis-closure Center, P. O. Box 1000, Chester, PA 19022： Tel: 1(800)888-4213： www.transunion.com)

如在六十天之內曾經提出貸款申請，但是由於信用報告的原因被拒絕，消費者有權可以要求信用報告公司提供免費的信用報告。或者是正在領政府的救濟金，或有理由確信自己的信

用報告被人做了手腳、不準確、或目前失業並計劃在兩個月之內找工作，消費者都可以向以上這三家信用報告公司用郵件方式索取自己的免費信用報告。

如果居住在科羅拉多州、喬治亞、馬利蘭、新澤西和佛蒙特等州，只要消費者提出索取自己信用報告的要求，信用報告公司都必須免費向這些州的居民提供他們的信用報告。其他州的居民如果不符合免費的條件但仍想申請自己的信用報告，信用報告公司可收取八元左右的費用。

在申請信用報告時，可以要求提供誰查過你的信用報告的資料，因為法例規定信用報告公司必須向消費者當事人報告誰來查過他們。查信用報告的人包括僱主、貸款公司、房東和保險公司等，但是僱主要查信用報告，一定要有被查人的書面同意書。當然政府部門也可以查你的信用報告。

拿到自己的信用報告後一旦發現有問題，消費者有權利而且也應該採取一些補救措施。首先消費者必須向提供信用報告的三家公司發出書面通知，在通知信中指出信用報告中有哪些錯誤之處，實際情況又是什麼。信用報告公司收到通知信後，一定要向提供資料的相關商家轉達，告知有客戶認為商家所提供的資料有問題。如果商家提不出證據進行反駁，信用公司必須將錯誤的東西刪除。如果信用公司和商家都堅持資料無誤，消費者有權提供一百字以內的解釋去說明自己的版本及立場，信用報告公司在向他人提供消費者的信用報告時，也必須將消費者的說明附上。

經常你會收到一些莫明其妙的廣告信件，很多信用卡公司

會經常發來一些「Pre-Approved」(預先核准)的廣告信函。原來，信用報告公司將消費者的部份資料出售給這些廣告廠商，要想停止或減少這些所謂的垃圾郵件，你可以打電話給三家信用報告公司的聯盟，要求他們把自己的名字從其市場推銷的名單中刪除，電話是1(888)567-8688。

12．使用信用卡的相關法規？

聯邦政府和州政府都制定了信用卡相關法律。但是州的法律受到聯邦法律的約束。聯邦政府的「公平信用卡帳單法案(Fair Credit Bill Act)」，詳細規定了消費者所具有的權益及有關使用信用卡的法律，具體內容如下：

1. 信用卡公司一旦收到客戶的付款，必須在同一天放進客戶的帳戶，信用卡公司不得故意拖延來向客戶收取利息或手續費用。

2. 信用卡公司應向客戶提供十四天的付款緩衝期(Grace Period)，亦即客戶收到帳單後應該至少有十四天的付款時間。

3. 信用卡公司每年應至少兩次向客戶提交有關客戶權益方面的通知，向消費者告知在帳單處理時可能會出現的問題及解決方法。如果客戶要求信用卡公司提供告知權利的資料時，信用卡公司應儘快給予回應或解答。

4. 信用卡公司必須儘快、合理的處理客戶帳單中的問題。信用卡帳單中常見的錯誤或存在的問題包括：未經持卡本人授權就收取的費用、付款的日期及金額有問題，帳單數額不清楚；通過信用卡訂購的物品沒有收到或者消費者沒有接受，但信用卡上仍被扣錢；信用卡重覆收費，如應該打折扣的沒打折扣、商家繼續在信用卡上扣錢、或消費者已經向商家交付款但是商家仍在信用卡上收費等；或消費者已向信用卡公司付費，但是是信用卡公司並沒有將消費者的付費計算入內，或者信用卡公司計算錯誤。

一、萬一發生信用卡付費糾紛，該如何處理？

信用卡公司在其帳單上都會列出800免費電話號碼，消費者發現帳單有問題時，往往拿起電話來就打向信用卡公司交涉，但是有時打電話未必能解決問題。在收到帳單時發現有問題，應該在收到帳單的六十天之內以書面的方式向信用卡公司提出核查要求，消費者應在信中要標明發生錯誤的事項、金額、時間，陳述清楚為什麼認為信用卡公司處理不當的理由，寫清楚自己的通訊地址和賬號。按法律規定，信用卡公司必須在三十天之內答覆消費者的書面查詢，並且必須在收到信的九十天內或兩個帳單的循環期後解決帳單上的糾紛。

信用卡公司在處理帳單問題時會採取兩種方法：第一種情況是證實錯誤屬實後，信用卡公司將立刻進行償還信用給消費

者，同時扣除償還部份的利息；第二種情況是商家收取消費者信用卡數額是正確的，消費者在接到這樣的信息後，應在十天內做出決定，或馬上支付這筆費用，或繼續寫信給信用卡公司，表示自己不服商家所提供的解釋，要求信用卡公司繼續調查。如果仍沒有結果，信用卡公司將要求客戶直接與商家接觸，很可能是訴諸法庭來解決商家與消費者的糾紛。由於州對信用卡的管理比聯邦還嚴，因此一旦出現上述情況後，消費者還可以向州消費者保護委員會求援。

二、萬一信用卡不見了，持卡人要付哪些責任？

如果你發現自己的信用卡不見了，可能是被人偷走，或自己遺失，或他人未經自己同意就使用等，你必須儘快通知信用卡公司，假如你向信用卡公司報告信用卡不見，而該卡仍被使用，持卡人將不負任何責任，如果你向信用卡公司報遺失時，已被他人盜用了，不管被盜用的數額有多大，持卡人最多責任是要付五十元的賠償。如果持卡人擁有多張信用卡，最好是平時就將所有的信用卡號碼及這些信用卡的免費電話號碼列出，萬一丟失時可以馬上向信用卡公司報失。

三、不少華裔家長還會遇到一些小孩未經家長同意就使用家長的信用卡到網上購物，持卡的家長是否應該承擔責任？應該如何處理？

在理論上，未經持卡人受權而使用其信用卡，持卡人不負責任。但是從另一個角度看，小孩未經允許使用信用卡是違法的，已經觸犯了刑法，信用卡公司可以報警或起訴這個小孩。

發生這種情況後家長要做權衡，一種情況家長是不承擔責任，無論小孩使用信用卡花多少錢，家長最高只須向信用卡公司付五十元就可以了事。但是信用卡公司可能報警，以刑事起訴小孩。因此，大部份情況下，家長都願意承擔全部責任，並償還小孩持卡的所支出的所有費用，以避免小孩被起訴。

13．如何與收債公司打交道？

　　一般人覺得華人都有積蓄，一收到帳單就馬上付款，因而很少會出現債務方面的問題。不過也有些華人家庭由於各種原因可能會遇到財務方面的問題，往往因為對美國法例不熟悉而吃大虧。

　　在我們的社會環境中，收債公司都是與黑社會有關聯。其實在美國，社會並不認為欠債是一項犯罪，因而對收債公司的管理也相當嚴格。美國法律禁止收債公司採用任何暴力或威脅行動來收債，同時還對收債行業的慣用手法有嚴格的限制。

　　如果消費者不幸與收債公司打交道時，首先要瞭解有關相關的法律法規。美國聯邦的「公平收債法案(Fair Debt Collection Act)」對收債人員「約法五章」：

　　一、收債人員不能騷擾、威脅和傷害到欠債人個人的
　　　　人身安全或性命。因此收債人員不能不斷地打電
　　　　話給債務人，或在電話中使用下流的語言恐嚇或
　　　　威脅欠債人。

美國生活實用法律手冊

二、收債人不能欺騙消費者，他們不能謊稱自己為律師或政府官員，也不能威脅說：「如果你不付帳，我就逮捕你」之類的語言。也不能說：「我要扣除你的薪水」或「我要拍賣你的房子」一類的話，除非真是要採取這方面的行動，

三、收債人不能採取不公平的收債手法。例如使用對方付費(Collect Call)的方式打電話給欠債人、不能故意欺騙說有電報讓債務人去領取、不能故意地將欠債人開出的日期延後支票提早存入銀行。

四、不能在不合理的時間向債務人打電話騷擾。聯邦法律規定，除非得到債務人本人同意，否則收債公司只能在上午八點至晚上九點之間進行聯絡，八點以前及九點以後打電話給債務人是違法行為。如果收債公司知道債務人上班的地方，但是債務人的公司已告知收債公司不歡迎他們的電話而收債人員繼續打電話騷擾這個公司，也是違法的。另外收債人員不能向債務人的同事、家人和親屬談及債務人欠債之事以詆毀債務人的聲譽，不過收債人可以向這些人詢問債務人的電話及地址等，但是不能說是為了追債。

五、如果債務人用書面的形式向收債公司要求停止打電話，收債公司必須停止再繼續打電話；如果債務人聲稱自己有律師，收債公司再也不能直接找

債務人而必須與債務人的律師聯絡，如果繼續打
電話找債務人，債務人可以打電話報警申告收債
公司騷擾。

美國法律允許收債公司採取合理的收債方法，收債公司可
以通過法律途徑要求法官簽署法令，扣除債務人的薪水，但是
一次扣除的金額不能超過周薪的百分之七十五。如果是用汽車
作抵押貸款而無法還債，債務公司可以把汽車沒收拍賣
（Repossion）。但是債務公司必須是在平和的狀態下取得債務
人的車，不能在半夜三更將門敲開把車拖走。很多州規定車停
在公共場合下才可以拖，車若停在自己私有財產處，收債公司
還是不可以把車拖走。對於債務人的房屋，必須經過法庭拍賣
的程序才能沒收，這種情況常在房屋貸款中發生。債務公司一
定要證明已經花費了兩到三個月的時間與債務人談償還債務的
問題，但是債務人仍然沒有辦法償還抵押，此時債務公司可以
向法官申請房屋拍賣。但是拍賣必須是公開的、而且屋主必須
事先收到拍賣通知。

14．如何處理購物及旅行中遇到的問題？

一、商店退貨

許多新移民都喜歡美國的購物方式，購買回來使用幾天，
如果發現不滿意，隨時可以拿回商店退貨，商店服務員也不問

東問西。不過,在養成退貨習慣後,當商家不給消費者退貨時,消費者往往怒髮衝冠。

其實,美國法律在商店退貨方面並沒有強制性的規定,商家這樣做完全是出於討好客戶而已,法律並沒有規定商店一定要接受客戶的退貨。不過,在下列情況下,商家必須接受消費者的退貨:第一,商家在商店內掛出退貨規定,如客戶符合所有的條件,商家必須按規定退貨;第二,商家向客戶提供「保證滿意」(Satisfaction Guarantee)的承諾·如果商家在店內張貼「As Is」、「No Return or Refund」,「All Sales Are Final」之類的告示,商家完全可以拒絕接受退貨或換貨。因此,在付款前,客戶應向商家問清楚商店的退還規定,以免發生不必要的誤會。

二、郵件購物和電話購物:

相信不相信,在美國住久了,有時會發現一些「天上掉下來的禮物」。有一天,郵差按鈴送來一包包裹,裡面是一些貨物,但是你並沒有訂購這些物品。原來,這是許多美國企業常用的市場推銷手法,其目的是讓你試用,如果你不喜歡可以寄回;如果你喜歡,他們希望你能繼續購買。

其實,你可以真的將這些不訂自來的貨物當成自己的禮物。根據美國法律,自己沒有訂但是主動送門來的物品,應該算做禮物,市場推廣公司不能強迫你自己付郵費寄回去。

三、消費者郵購貨物的權利？

在美國，郵購是一種方便的購物方式，消費者透過電話及信件就可以訂購自己喜愛的物件。但是，在進行郵購之前，首先應該對所選擇的商家有足夠的瞭解，尤其是對商家退款退貨的相關規定應有所認識。

法律規定，商家一定要在廣告中所承諾的時間內把物品寄到消費者的郵寄地址。在廣告中承諾的時間沒有收到貨，可以取消訂購。如果廣告中沒有送貨的時間或消費者沒有與商家商談送貨的時間，法律的規定是必須在三十天之內將訂貨郵寄到消費者的郵寄地址，否則消費者可以取消訂貨。

四、CD 俱樂部陷阱？

在初中、高中及大學的青少年經常會收到加入CD俱樂部的推銷廣告，廣告聲稱每張CD只要九角九分錢，或者是免費，其中大部份CD俱樂部都設有「關門打狗」的陷阱。他們先用非常便宜，甚至只有幾分錢的CD作為引誘，一般的學生發現能獲得免費或低費就可以獲得自己喜愛的CD，而沒有仔細看清楚裡面的小文字，等後來發現價錢越來越貴。拿出以前的資料查一下，才發現自己上當，因為接受了低費或免費的CD，就必須每年購買一定數量的CD，而這些CD的價錢會是正常價格或比正常價格還高，而要退出俱樂部，仍要交一筆罰款。如果訂購者為未成年人，為了避免更進一步的損失，家長可以採用以下的補救措施。家長可以與商家聯絡，表示在美國未成年人（十八歲以下）簽訂的合同是無效的，因此小孩及家長將不承擔合約中

美國生活實用法律手冊

所涉及到的責任。

五、身份被盜用時如何處理？

　　盜用身份是近幾年來最常見的違法行為之一。只要犯罪嫌犯盜用被害人的姓名和社會安全號碼，就可以進行各種類型的騙案。

　　在貸款、可能被僱主錄用、銀行開戶、圖書館及申請大學時，民眾可能會被要求提供社會安全號碼。犯罪分子可以利用盜用的社會安全號和姓名進行申請信用卡、設立新的銀行戶口、租房、從被盜人銀行的戶頭取錢等欺騙行為的活動。為了防止這種情況發生，應該注意如下事項：

1. 不要讓其他人知道你的社安號碼，當然也不要隨身攜帶自己的社安號碼，自己心裡記住就可以。

2. 在接聽打來的電話時，如果無法確定對方的身份時，千萬不要在電話中提供自己的個人資料。

3. 丟垃圾時要特別注意，不要把帶有個人資料的信函隨便丟掉，要做些處理，一些犯罪分子專門從垃圾中搜尋個人資料。

4. 改變傳統的發信方式，不要把待發的信件放在自己的郵箱中並豎起表明有信待發的小旗，等待郵差取走。郵寄信用卡帳單等重要資料時最好直接交給郵局或投入安全的信筒。

5. 定期檢查信用報告，如果發現自己從來沒有使用過的可疑信息或自己從來沒有打過交道的資料出

現，說明個人的身份被盜用，這時應該立刻報
警。

六、航空公司訂位爆棚？

　　航空公司為了保證飛機的座位滿載，常常通過各個旅行社
售出超過飛機座位數量的機票，因此有的旅客到時會沒有座
位。有的航空公司可能採取動員乘客主動讓位的辦法，凡是主
動讓位的乘客，可以得到現金退款及優惠券。

　　美國法律規定，凡是預定六十座位以上航班的乘客，只要
是已經確認了座位但是由於航空公司的原因沒有辦法搭乘所訂
航班，航空公司應該安排其他的方法使這位乘客在應該到達時
間內的一個小時到達目的地；如果到達的時間超過了一個小時
但是不足兩個小時，航空公司必須給這位乘客單程機票費用的
補償，但是機票的金額不能超過二百元；如果超過的時間為二
小時以上，則應該補償雙程機票的費用，但是機票的金額不能
超過四百元。

七、乘客的行李丟失或被損壞時？

　　根據聯邦航空法規定，在美國國內航線發生這種情況，最
高的賠償額為二千五百元；如果是國際航班，最高的賠償額按
每磅九元零七分得標準進行賠償，根據這個標準可以推算出國
際航班的最高賠償額不會超過六百三十五元。但是獲得上述最
高賠償額的前提條件是：必須能夠證明損失的所有物品是全新
的。另外諸如首飾、現金、電子產品等貴重物品是不在賠償之

列的，因而在乘機時應該隨身攜帶這些物件。

八、網絡購物的安全？

　　在發送自己個人資料的時候，首先要注意所使用的購物網站一定是要有安全保障的(Security)。安全的網站一般加注「s」的標記，即「https：//」，或有鎖的標誌。

　　第二、如果網站填寫表格的選項是「Optinoal(自己選擇性)時，不一定要填寫自己私人的資料，儘量不要填。

　　第三、使用一張專用於網上購物的信用卡。萬一發生問題可以立刻停掉而不至於產生其他影響。

　　第四、選擇由「BBB Online」和「Truste」認可的網站購物。因為「BBB Online」和「Truste」選定的商家都是經過比較的，相對是比較可靠的。

15．美國破產法常識？

　　許多新移民由於經濟基礎欠佳，或者不善理財，拖欠信用卡公司或貸款公司金額過大，從而家庭出現入不敷出的問題。許多民眾往往過早選擇破產的出路，從而導致十年的不良信用記錄，影響到將來翻身的機會。在選擇破產前，應可以向消費者信用諮詢服務社（Consumer Credit Counseling Services）聯絡，這家非營利機構與信用卡公司有良好的合作關係，他們可以替消費者與信用卡公司及貸款機構談判，爭取

少還一些資金，或幫你爭取一個合理的分期付款償還計劃。

該機構在每個州都設有辦公室，可以打電話1(800)388-2227或上網www.nfcc.org查詢附近的辦公室。

對於商家或個人來說，破產是在無路可走的情況下的最後「出路」。宣佈破產後，破產的記錄可以保存十年，對個人來說，當然會影響到未來的工作或重新開業。

所謂破產，是指承認債務超過了償還的能力。按照美國法律，破產有三種形式。第一是企業破產(也稱第十一章破產，Chapter 11)、第二是個人破產(也稱第七章破產，Chapter 7)，第三是重組(第十三章破產，Chapter 13)。

對消費者而言，經常使用的是第七章個人破產。如果宣佈個人破產，應該向破產法庭提出申請，將自己所有的財產交給法庭處理，同時向法庭提供所有債權人的名單。法庭將向所有的債權人發出通知，說明破產人目前的財產總值，由法庭來決定各個債權人獲得破產者財產的優先權及數額。

消費者也可以使用第十三章重組的方式宣佈破產，重組破產比個人破產的方式更好些。一旦宣佈個人破產，馬上會有人告你，如有共同簽約人(Co-Signer)時，共同簽約人當然逃脫不了債務責任。但是重組破產的方式不同，只有在確認破產者確實無能力償還債務時，也就是由重組的破產方式轉變成個人破產方式時，債權人才可以向共同簽約人追債。重組方式的另一個優點是：破產者在貸款公司的記錄可能會好一些，因為以重組的方式宣佈破產，表明破產者有誠意償還債務，只是暫時沒有能力。

　　在考慮破產的時候，應該想清楚採取什麼樣的破產方式更
爲有利。因爲在美國宣佈破產太容易了，有很多的人鑽破產法
的漏洞。特別是有錢的人宣佈破產後仍然住豪宅、開好車。國
會已經陸續考慮進行破產法改革，其中就有限制宣佈個人破產
的資格。如在1994年對破產法的修改中規定，如果使用信用卡
提取大量現金或在宣佈破產前的六十天內使用信用卡購買了大
量名貴物品，法官可以裁定這是欺詐行爲，這樣的債務是不能
夠被消除的。

　　在宣佈破產之前，應該與信用卡公司商談，看看有無辦法
償還。很多信用卡公司都會同意一些作法，因爲如果持卡人宣
佈破產他們可能一分錢也得不到。同時時還可以與消費者信用
諮詢服務社聯絡。消費者如果確實要宣佈破產，應該找專業的
破產律師諮詢，因爲宣佈破產的手續複雜，應該熟悉宣佈破產
的步驟和程序才能眞正達到效果。

16．投資人的權利？

一、華人社區投資騙案的真相？

　　近年來自中國大陸、香港及臺灣的新移民，習慣於在股市
賺錢。移民到美國後，他們發現語言不通，創業艱難，往往以
爲可以在美國能繼續以「炒股」爲生。殊不知，美國的股票並
不像亞洲一樣投機，並且經手的經紀人不管漲落每筆交易都會
收取豐厚的傭金。再加上，美國國稅局可要分享你的成果，如

果你「炒股」有賺到錢而不交稅的話，國稅局會馬上找上門來。

　　華人社區每隔幾年就會爆發幾宗投資公司騙案。大批新移民將自己的老本都壓進去，結果都是血本無歸。大部份的騙案都涉及到黃金及外匯的期貨投資，美國證券管理署只對上市的股票交易進行管理，對涉及海外的期貨交易管理仍不夠健全。這些投資公司往往利用招聘員工的方式來吸引投資者，先用豐厚的薪資及高額的投資回報來穩住員工，然後用業績的壓力來迫使員工將他們的親友拉入來。

　　這些華人地下投資公司用投資者A的錢來支付投資者B投資回報，再用C的錢來穩住A。等累積到一定的巨額資金，並安全地將資金轉移後，投資公司就人去樓空。許多投資公司根本沒有拿資金去投資，純粹是作假帳來欺騙投資者。

　　也有一些投資公司拿出一文不值的房地產權狀書來提供所謂的抵押貸款投資。剛到美國的新移民根本分不清權狀書或廢紙，而輕信急於賺取傭金的親友的保證，結果，投資公司倒閉後，要拍賣房地產時，才發現該房地產一文不值，但是後悔已晚。

　　在將大筆資金投資到一些自己不熟悉的項目前，新移民應自問一下，假若這些投資項目真的這麼好，為何老美這麼笨不去投資？為何老美要如此辛苦去做工？為何老美投資都喜愛透過證券交易行及有執照的證券經紀來進行交易？

二、如何與證券經紀打交道？

　　對於老美消費者來說，最常見的投資方式是買賣股票或證券。買賣股票或證券往往通過證券公司的經紀人（Broker）進行。證券公司是受政府管制的，經紀人的資格也是通過政府認定的考試才能得到，因此證券公司或證券經紀人是有一定的職業道德和規範。即便如此，由於最近美國企業的作弊案非常多，政府對證券行業的管制也日趨嚴格，但是投資人只有清楚的知道自己所具有的權利，才能更有效地保障自己的利益。

　　一般情況下投資人有如下的權利：第一、有權利得到適當的投資建議，讓投資人知道投資的風險是什麼。第二、投資人在任何的交易中，有權得到合法的處理。

　　在下列的五種情況下，可以懷疑經紀人有違法的作法：

1. 投資人要求的是保守的投資，但是投資公司並沒有按投資人的要求去做，反而進行了一些高風險的投資項目。
2. 投資公司給投資人一些錯誤的信息或誤導投資人，使得投資人蒙受損失。
3. 對證券公司而言，每一筆交易都可以得到傭金而無論投資人盈虧與否。因為傭金的原因，經紀可能故意建議投資人進行交易，導致交易次數過於頻繁。
4. 沒有經過投資人的同意就進行交易。
5. 投資人要求交易，但是證券經紀人並沒有採取行動或故意拖延，造成投資人錯失良機而產生損失。

證券行業是由證券交易委員會(SEC)管理,投資人有權知道投資的風險。如果出現上述的問題,有如下三種辦法解決:

1. 可以直接與證券的操作人員進行談判,看看有無辦法解決。

2. 如果操作人員無法解決,可以向其主管的經理進行投訴,同時向州管理機構和聯邦政府的管理部門投訴,把投訴函的副本寄給他們。

3. 可以使用仲裁的手段解決。在投資者與證券公司所簽訂的合約中,一般都有仲裁的條款,所有的問題通過仲裁來解決。如果打算通過仲裁,一定要儘快。仲裁要求的時效是六年的期限,過了這個時間就沒有機會了。另外要注意的是仲裁是有約束性的,一旦仲裁的結果確定,是不能上訴的。在決定採取仲裁時,要向專業律師諮詢,請求協助。

17. 如何與國稅局打交道?

美國政府的財源主要來自於稅收,任何收入都與稅收有關,無論是生產經營或是日常生活,都離不開與政府的稅務部門打交道。美國國會在1913年通過了對憲法第十六項的修正案,授權聯邦政府徵收所得稅(Income Tax)。目前稅務徵收的條文有兩千多頁,可見稅收的重要及稅收法律的細膩,也正因為如此,美國才擁有龐大的律師和會計師的群體。消費者應該

對以下幾個問題有所注意：

一、必須知道每年報稅的截止日期是四月十五日，但是不要等到最後一天才去報稅。如果確實無法在四月十五日之前報稅，應該申請延期報稅（Extension）。申請延期報稅的表格是「4864表」，延期報稅的期限爲四個月。但是在延期的期限內並不是不繳稅，還是要繳納預估稅。如果將來的實稅高於預估稅，納稅人還必須繳納差額及利息。

二、如果在報稅過程中自己出現了錯誤，納稅人可以有三年的時間進行彌補。

三、如果在報稅過程會計師出現了錯誤，報稅人自己承擔國稅局要求補交的稅金，會計師承擔的只是國稅局的處罰或其他手續方面的費用。但是如果錯誤是因爲納稅人提供不實的資料而引致，會計師將不負任何責任。因此在選擇會計師(CPA)時應考慮如下的問題：

　1．要儘早選擇，不要等到四月初才選。

　2．在與會計師商談時要問清楚收費的情況，如果發生誤報的情況，會計師是否會付國稅局的罰金。

　3．要知道會計師的資歷和經驗如何。

　4．自己也要認眞準備，不要拿一大堆資料讓會計師處理，因爲自己最清楚自己的情況。另外，

有時會計師也是按小時收費，若自己不作好準
備，支付會計師的費用會更高。

5. 如果所找到的會計師什麼也不問，就應該注
意，這位會計師對你的報稅可能會粗心。

6. 報稅表格寄出之前，應該仔細檢查。雖然由會
計師做表，但是責任還是由自己承擔，所以應
確定每項填寫的內容都是正確的。

如果出現問題，國稅局有三年的追訴期。但是
如果國稅局證實實際的收入超過報稅的收入百分
之二十五，國稅局有六年的追訴期。但是如果報
稅作假或沒有報稅，國稅局的追訴沒有時間的限
制。

四、國稅局查稅時該做如何的處理。一般情況下，報
稅者中只有百分之一的人有被國稅局查稅(Audit)
的機會。國稅局審計的目的：第一，是要證實報
稅人所申報的情況；第二，是要追回可能少報的
稅。如果報稅者使用的是「C」和「F」表，被抽
查的機率可能會大一些，在這種情況下報稅前，
應和自己的會計師商量自己應該準備哪些資料，
以便向國稅局解釋。

在被國稅局查稅時，納稅人有下列這些權利：
1.納稅人可以派代表參加而不需要本人親自參

加。

2．如事先給查稅員通知，納稅人可以拍錄全部查稅過程。

3．如果你能證實你曾向國稅局查詢過，國稅局曾給書面的解答，而你只不過是在落實國稅局建議時出現錯誤，國稅局不能因此而懲罰納稅人。

4．國稅局在沒收你的財產來支付稅金時，應有一定的限度。

5．如果國稅局官員在收取欠稅時不顧法律，故意或惡意傷害到納稅人的利益，納稅人可以到法院狀告該名官員及國稅局。

另外，國稅局鼓勵舉報漏稅的行為，可以用匿名進行舉報。如果用真實的姓名舉報，國稅局追回漏稅之後，對舉報人將進行獎勵，獎勵金額為追回稅金的百分之十五。

18．購買人壽保險常識？

在美國購買人壽保險是非常普遍的。所謂人壽保險是指一旦投保人發生意外死亡，保單的受益人可以得到保險公司的賠償。很多擁有子女或房產的民眾經常用人壽保險這種方法來對發生意外的進行彌補。購買人壽保險通常分為下面的步驟：

一、首先是申請階段。保險公司對於申請者往往進行
　　比較嚴格的審查和認眞的調查。如果認爲投保者
　　發生意外的風險很大，相應投保的費用也就高
　　些；如果認爲投保者的發生意外的風險特別大如
　　有心臟病，也可能拒絕投保者的投保，保險公司
　　對投保人逐一的過濾。但是對於投保人來說，要
　　注意如下的問題：

　　1. 在申請時要如實回答保險公司所提出的問題。
　　　 保險公司也會讓投保人簽署授權書，允許去對
　　　 投保人的醫療報告及住院報告進行調查，也會
　　　 派員對投保人進行包括驗血在內的體檢。如果
　　　 投保人向保險公司提供的資料不實，一旦被發
　　　 現，雖然已經與保險公司簽署合約，但是還會
　　　 拒付。

　　2. 保險公司會採取措施預防欺詐行爲。一般保險
　　　 公司設有兩年「自殺期」的條款，即在投保之
　　　 日起的兩年之內如果投保人自殺，保險公司不
　　　 予賠償。因爲保險公司設定「自殺期」的條
　　　 款，就是假定投保人以自殺的方式欺詐保費。
　　　 如果死亡事故是在二年內發生，即使是屬意外
　　　 死亡，保險公司也要進行詳細調查，如果查出
　　　 是自殺，保險公司將不賠償。

二、確定受益人的問題。理論上任何人都可以成爲受

益人。受益人分第一順位的受益人和第二順位的受益人等，同一順位人可以同時是多人，他們將平分所獲得的賠償額。

三、更改受益人。人壽保險中更改受益人的情況是經常發生的。應該注意：

1. 如果投保人購買的保單是不可撤消的，必須徵得原來的受益人同意，才能更改受益人。

2. 在夫妻財產為共同財產制的州（如加州，結婚期間雙方共同擁有財產和債務），如果配偶一方是受益人，更換其他人作為受益人時，必須徵得配偶的同意。

3. 保單中的受益人必須與投保人有某種利益方面的關係。民眾不能為一個與他本人不相干人投保。如民眾不能為某一個名人打賭投保，賭這個名人會死而得到賠償，這是一種賭博行為，投保人與受益人在投保前沒有任何利益關係，因而是違法的。但是如果是生意上的合夥人之間的投保，由於其間有利益上的關係，因此是合法的。

第三章 交通與法律

19. 如何申請駕駛執照?

　　生活在美國,汽車是幾乎是必不可或缺的交通工具。在類似洛杉磯、舊金山等大都會地區更是必需的。擁有汽車及汽車執照,是在美國落足生根的第一步。但是,擁有汽車也有帶連責任。例如,兩年前,一名來自廣東的新移民,在酒後駕車,由於酒醉而在駕車時失控,越道撞上迎面而來的汽車,雖然保住了自己的性命,但對面的駕車人士被撞死,後來該名華裔人士被判五年的有期徒刑。

　　由於汽車引發各類問題,每個州政府都設立車輛管理局(DMV)來管理汽車駕駛執照及汽車註冊。一來保證駕駛人員掌握必須的技能,二來保證公路上的汽車都安全,而且駕車人都購買相關的汽車保險,以便在發生意外時,當事人和受害者得到適當的保障。

　　申請駕駛執照有一定的條件限制,但是每個州不盡相同。就年齡而言,一般限制在十六歲以上。大部份州都允許十四歲到十七歲間的青少年駕駛,但是,往往須要家長的同意,並且參加學校或政府授權的青少年駕駛課程。在獲得駕駛執照之前,申請者先必須通過考核交通法規等以理論內容為主的筆試,在加州等新移民較多的地區,州政府可以提供中文的考

試，但是申請者仍必須會看懂英文的路標。

通過筆試後，申請人就可以拿到學生訓練駕駛執照，可以在擁有駕照的成人陪伴下上路開車，或到駕駛學校接受駕車訓練，經過一段時間的訓練後，申請者必須通過路試才能得到正式的駕照。駕照也標明對駕車人的某些限制，如因視力有問題，在駕照上都有標著開車須戴眼鏡，包括隱形眼鏡。

如果汽車管理局發現申請人是酒醉駕車累犯、吸毒駕車累犯及駕照被吊銷過的記錄，他們有權拒絕發給駕照。殘障人士的病況影響到駕車的安全，汽車管理局也可以拒絕核發駕照。患有潛在突發性疾病的民眾，如羊癲瘋及其他類型精神病患者，在沒有壓力開車正常，但是一旦犯病會造成開車失控，不但危害自己也會對他人造成威脅，汽車管理局可以這樣的理由來拒絕這些人申請駕照。有些州還要求醫生主動的向汽車管理局報告這些病人的情況。有些州是在發生問題發生時，才採取吊銷駕照的行動。

許多在美國擁有合法身份的人士，如果不打算開車但又要證實身份，也可以向當地的DMV申請一個ID卡(身份證)。ID卡上標明有個人的身高、住址等與駕照上一樣的個人資料。

年長者由於年齡太大，可能會在駕車時發生意外，不僅會傷害自己，而且可能會危及他人。不過，像美國退休人士協會等老人權益團體一向反對限制老年人的駕車權利，因而，大部份州都沒有立法限制駕車者的年齡。不過許多州，如夏威夷州等，對年齡超過六十五歲以上的駕車人士駕照有效期縮短，在簽發駕照時，其有效期只有二年，二年後以後再重新考試更換

美國生活實用法律手冊

駕照。大部份州的作法是發生事故發現問題後，吊銷一些年齡偏大者的駕照，或讓這些年老人為獲得駕照重新考試，但是許多老年人再也無法通過考試。

20. 如何在911後合法取得身份證明？

美國社會非常重視民眾的個人隱私，因而，國會曾多次商討全國身份證的方案，但都未獲得多數議員的支持。汽車駕駛執照一直成為美國民眾的身份證明。在平常生活中，無論是銀行開戶、申請工作、到被警方檢查等，民眾都使用汽車駕照作為自己的身份證明。如果民眾不開車，汽車管理局仍可以頒發出身份證明，以方便民眾的生活。

對於移民來說，與申請駕照有關的一個主要問題是是否具有合法身份？在90年代初經濟不景氣的時候，加州提出了「187移民提案」，該項提案要求所有申請汽車駕駛執照的民眾都必須提供合法居留的身份證明。特別是一些反移民的團體，採取「斬草除根」的方式，想辦法取消非法移民賴以生活或生財的工具，亦即取消他們的駕車資格。因此，很多州都對申請駕照的人核實他們的移民身份。1996年國會通過「移民改革責任法案」等一系列法案，這些法案逐步地剝奪了很多失去了合法身份的移民的駕車權利。自從911事件爆發後，因為劫機的十九名恐怖份子有多名是利用佛羅里達州等地汽車管理機構對申請者移民身份較為寬鬆的漏洞，因而，全美各地的汽車

管理機構再度從嚴處理申請案件。911事件前，加州議會曾通過放寬新移民申請汽車駕照的要求的AB60法案，但是州長威爾遜以國土安全為由而拒絕簽字，使這項有利新移民獲得駕照的法案胎死腹中。

目前，很多州要求申請者提供合法的居留身份。申請者須從社會安全局拿到社會安全號碼後，才能申請駕照。另外還有一種情況，申請人在多年前申請駕照時並沒有核實身份，但是在定期重延時卻須要提供在美合法居留的證明。因此，保持自己的合法身分非常重要。

以前，全美沒有一個統一的身分辨識系統，駕照便成為全國各地唯一認可的「身份證」。911後，國會已經有計劃把各個州的個人身份資料統一起來，形成全國的身份證。近期，國會通過的國家安全法案，也要求聯邦政府的執法機構與地方政府的執法機構必須相互交換資料，估計在不久的將來，各個州的身份辨識系統將以汽車駕照為軸心而連結為完整的資料庫。目前包括加州在內的四十五個州已經形成了一個全國性的駕駛執照聯盟（DLC），成員共享各個州的DMV資料庫。駕車人士在自己居住的州被吊銷了駕照，另一個州馬上也會知道。例如，以前在加州使用科羅拉多州的駕照駕車，執法人員無法馬上查證這個駕照的真偽，現在通過這個聯盟的網絡可以馬上查清楚駕照是真是假。

自從911事件以來，執法部門對汽車駕駛人士的檢查變得更加嚴格。越來越多的華裔移民都因為向執法人員提供不實的駕照而被逮捕。部份民眾因為無法申請到合法的身份，而私下花

錢購買假駕照，以往這類駕照都沒有發生問題，但是，在911事件後，聯邦政府及地方政府的執法部門加強資料交換，從而這類地下駕駛紛紛被迫現出原形。

很多新移民來到美國後經常使用所謂的「國際駕照」。實際上在美國簽發的國際駕照是爲美國人去海外旅遊或公務時駕車所用的，墨西哥和加拿大對美國核發的國際駕照認可。美國國務院授權給American Automobile Association及American Automobile Touring Alliance這兩個非盈利機構對美國民眾提供國際駕照的服務，申請者的資格是必須年齡在十八歲或以上、提供兩張照片及一定的費用、有效的美國駕駛執照。

許多新移民爲了生計而開始使用國際駕照，根據1943年的美洲汽車交通法規及聯合國1949年的公路交通公約，公約國的民眾如果同時擁有外國駕照及國際駕照，則可以在美國旅遊時合法駕車，但這是針對途經美國作暫短停留的人，並不適合在美國留學和長期居住的人。但是由於每個州又有自己的規定，所以很多執行公務的警察不一定知道這樣的規定是國際公約，往往會認爲沒有當地的駕照駕車就是違法。加州法律規定，在加州居住超過十天以上，駕車必須使用加州的駕照，不能用外州或國際駕照。

21．安全駕車十大要領！

獲得正式駕照後，民眾就可以駕車走遍美國。不過在駕車

周遊美國時，一定要遵守交通法規。值得注意的是，美國各個州的交通法規並不完全一樣。例如，加州的交通法規規定，在紅燈或是綠燈的條件下，只要當時的路面情況安全，汽車是都可以右轉的。但是許多州禁止汽車在紅燈的情況下右轉。在加州，駕車人及前後座所有的乘客必須繫安全帶，否則被視為違規，但是有些州並沒有這樣的法律。所以駕車人事先要對旅行目的地的交通法規作充份的瞭解，要非常清楚時速的限制、安全帶問題和停車等當地的規定。

為避免駕車引發的問題，駕車人士應注意下列事項：

一、不要違規停車，尤其是千萬不要以為自己只是短暫停車而停在殘障人士的停車位上。

二、不能超速，尤其是不要與他人開車競賽，開車競賽是屬刑事罪，重者可被判罰半年的牢刑；

三、不能酒醉駕車。如酒後駕車而造成他人受傷或死亡，可能會被刑事起訴；

四、如果不幸與其他車碰撞及發生其他交通意外事故，駕車人一定要停下來，與對方交換駕駛資料，不能逃逸。

五、保持良好的駕駛記錄。汽車管理機構都會根據駕車人士的違規情況而作出扣分的記錄。如果罰單過多或違規嚴重，汽車管理機構有權吊銷駕駛執照。例如，加州法律規定，一年之內罰單的扣分不能超過四分，如果超過，汽車管理局可以吊銷駕車人士的駕照。酒醉駕車及沒有購買汽車保

險,可能會被吊銷駕駛執照。

六、爭取聽證會機會。汽車管理機構的吊銷駕照行動可分為臨時吊銷(Suspension)和直接吊銷（Revocation）。面臨到駕照被吊銷時,駕車人士應及時提出聽證會,爭取保留駕照的機會。如果錯過聽證會的機會,駕車人士縱使有理或是管理部門的錯誤,也可能無法挽回駕照。如駕車人士因駕車而引發刑事責任,法庭也可以做出吊銷駕照的判決。當汽車管理機構和法庭同時做出吊銷駕照的決定時,按最嚴厲的判罰執行。

七、駕車應有駕照。一旦被警察發現無駕駛執照駕車,駕車人士可能會被逮捕,也可以被檢察官以輕罪起訴。如果無照駕車肇事造成嚴重傷亡或逃逸,被逮捕後可能會被以重罪起訴。如果發生無照駕車被逮捕的情況,當事人有權要求聘請私人律師,如無經濟能力,也可要求法院提供辯護律師。

八、千萬別提供不實駕駛執照給警察。如果自己沒有駕照開車,警察可能會開罰單讓駕車人士出庭,法官也可能只判罰駕車人士大筆罰款而了事。但是如果向警察提供仿製的不實駕照,可能會面臨更嚴重的懲罰。此外,在申請駕照時,也不能提供不實的資料,否則也屬於欺騙政府的行為,而觸犯了刑法。

九、不要隨便借車給他人。如果把車租給或借給無駕
　　照的人駕駛，被警察查獲後，警察有權把車扣
　　下。在加州，警察可以把車扣留三十天，車主必
　　須承擔存放費用及手續費等相關的費用。縱使借
　　車的人士有駕照，但是發生交通意外時，車主也
　　必須承擔起責任。

十、不要在車內放置任何違禁品及武器。即使駕車人
　　士擁有合法的持槍證，但是，許多州不允許民眾
　　隨車攜帶武器，即使允許民眾帶槍，駕車人士也
　　必須將槍和子彈分開放，並且不允許槍枝上膛。
　　另外，車內也不應放置任何可能會傷人的器具，
　　在加州，駕車人士不能在車內隨手可拿到的地方
　　放置球棒之類的東西。車內不允許存放打開蓋子
　　的酒瓶（罐），如果被警察發現有這種情況，警察
　　可能指控駕車人觸犯法律。

22．如何進行車輛登記？

　　開車人必須要有駕駛執照，同樣，一輛車如果被駕駛，這
輛車一定要在政府駐冊。在下列三種情況下，車主必須向汽車
管理機構申請汽車註冊：

一、購買新車時必須註冊。一般情況下，在購買新車
　　後的三十天之內，必須向政府的車輛管理部門進

行註冊，並繳納車稅。車輛註冊的主要目的是爲
政府增加稅收，也起到了方便政府對汽車的管
理，以及防止車輛被盜竊。

二、在遷入其他州六十天到九十天之內，車主一定要
到所在州當地的車輛管理部門重新辦理車輛註
冊。

三、州政府會要求定期重新註冊。例如，加州要求車
輛每年登記一次，並收取一定的費用。如果車輛
不進行登記，警察可以扣車三十天或更長的時
間。

在辦理車輛登記時要注意，往往需要辦理下列這些手續：

一、每個州都會要求證實所登記車輛的機械是安全
的，也符合環保的要求。例如，汽車管理局會要
求提供汽車尾氣排放測試通過的證明。

二、大部份州都會要求車主在車輛註冊時，向政府提
供購買足夠的、法定的車輛保險證明。

三、汽車車主要根據車輛的狀況付一定的費用。

完成車輛註冊後，汽車管理機構將會給車主註冊證明及註
冊標籤(Sticker)。如果是首次註冊，汽車管理局還將寄上車
牌。一些州要求每輛汽車在註冊後將標籤貼在汽車的牌照上。
在加州，即使車輛已經登記，但是沒有把登記的標籤放在車牌
上，也是一種違規的行爲。如果自己的車輛沒有進行註冊，而

將別人註冊的標籤偷盜放到自己車上，也是一種違法行為。

一些州為了增加稅收，往往設立一些比較特殊的車牌號，車主也可以使用自己設計所喜愛的獨特車牌號，不過每年要多付一些費用。

23．常見的交通違規案件？

駕車人士難免會遇到一些違規事件。常見的車輛違規有如下四種情況，車主應瞭解如何解決這四類違規的方法：

一、停車違規罰單（Parking Ticket）。停車違規主要是指駕車人士沒有按照規定停車，將車停在殘障人士停車位、消防栓旁、紅色區內，或停車表內的停車時間已過等。停車違規一般的處罰是罰款，不會有任何駕駛記錄，也不會被汽車管理機構扣分。停車違規後，只要按時交付罰款就可以了事。如果車主對停車違規的罰款不予理會，累計次數到一定程度，法院可以簽發通緝令對當事人進行通緝。有些州還有規定，如果停車違規的罰單不做處理，不允許車主進行車輛的重新註冊或不發給駕駛執照。如果車主將車借給他人駕駛而被開罰單，即使車主並非駕車人，車主仍要替汽車付罰款。

二、車輛修理通知單（Notice to Correct

Violation）。當警察注意到在公路行駛的汽車車頭燈壞掉或煞車燈不亮等汽車故障時，會開出此類通知，要求車主去改正及在一段時間內證實已採取修理措施。車主必須在指定的時間按要求把車輛修理好，然後將車開到警察局或是法院進行檢查，經確認所需修理的部份已經按規定修理好，車輛功能不完善的違規案子可以結案，並不會有不良的駕駛記錄。

值得我們華裔新移民注意的是，很多情況是車主覺得車輛已經很破爛，修理的費用已超出汽車的價值，已經沒有必要在保留此破車，而不再理會警察的修理通知書。殊不知，因為車主沒有如期向警察或法院提供修理證明，而被法院開出通緝令。因而，即使你不開這部車而把他丟棄或送人，車主仍必須處理該通知單。如果車主將破車賣給汽車回收站，必須向法院提供車輛的報廢證明；如果賣給別人，也要提供已經賣出的證明，否則將永遠無法將這個車輛修理的通知單銷除。

三、警察簽發的出庭通知單（Notice To Appear）。在一項事故的調查中，雖然警察本人並沒有看到當時現場的場面，但是經過調查取證之後，有合理的理由懷疑此案與車主有關，這就可以簽發出庭通知。例如，駕車人肇事後逃跑(Hit and Run)，警察可以根據目擊者提供的線索，確定車

主牽涉此案，簽發出庭通知，要求車主出庭應訴。因為這類案件涉及刑法，因此，當事人必須對此重視，一旦接到這樣的通知，應該找律師商量如何處理，如不出庭，法官可能會簽發通緝令。

四、**警察目擊違規行為而簽發的出庭通知單（Notice To Appear）**。當事人違規被警察當場攔下，有兩種處理的方式。第一種情況，違規情況不嚴重，如未帶駕照、超速駕駛、不讓道、「STOP」標誌處沒有停穩就走等，且當事人逃避法庭的可能性不大，警察可能對當事人只給發出庭通知單，要求當事人在指定的日期到指定的法院出庭。第二種情況是，如果駕車人士在駕車時違規情況嚴重而觸犯刑法，如酒醉駕車、魯莽駕車等，警察可以採取逮捕的方式，在當事人交納保釋金後，**警察局再給當事人出庭罰單通知單**。

遇到這類情況的新移民往往犯下很大的錯誤，因為開出罰單後警察往往需要當事人在所開出的單子上簽字。很多民眾認為一旦簽字就是承認了自己違規，或覺得警察開出的罰單不公平，而拒絕在通知單上簽字。警察在當事人拒絕簽字的情況下，唯有採取逮捕的行動，而當事人大罵警察歧視華人也無濟於事，因為警察的作法並沒有違法。在處理一般性合約時，在不理解裡面內容時不應隨便簽字，但是，唯有在交通罰單方

面，新移民應見機行事，簽字只是表示當事人同意出庭與警察對質。但是如果當時不簽字，警察就有理由逮捕，因為他看到了違法行為的發生。因而，華裔民眾一定要消除「在罰單上簽字就等於認錯」的誤會。

24．小心酒醉駕車！

「天有酒星，酒之作也，其與天地並矣」。中國人自古以來就鍾愛飲酒，從杜康酒到茅臺酒，中國人喜愛飲酒有五千年的歷史。在中國人的傳統中，酒是萬能的—酒以治病、酒可養老、酒到成禮、酒濃成歡、酒能忘憂、酒以壯膽…。

從「三國演義」中的張飛醉服嚴顏、關羽溫酒斬華雄；「水滸傳」中的景陽崗武松醉打老虎、魯智深大鬧五臺山；「西游記」中的孫悟空偷飲長生不老酒；到「紅樓夢」中的舉酒同杯（悲），一醉方休的飲酒方式一直被當成抒發友情、表達情感、施展計謀的方法。

畢竟，時代正在改變。在以往農業社會中，大家都以足代步，在醉酒後倒在路中間也平安無事，如今已進入一個風馳電掣的時代，舊時的以足代步已一去不復返，取而代之的是以車代步的工業時代，一醉方休的飲酒方式不再跟得上時代的步伐。

華人人口較多的加利福尼亞州，共有二千多萬輛汽車，近二千萬名汽車駕駛人士，在這個汽車稠密的地區，醉酒駕車的

事故頻頻發生，瞭解美國對酒後駕車的法例及其後果，將能讓您更適應美國的生活。

一、美國醉酒駕車法例：

由於飲酒後會導致神志不清、視覺及聽覺判斷不準等問題，自從汽車開始流行，美國就制訂出禁止醉酒駕車的法例。早在1910年，紐約通過了全美首項禁止醉酒駕車的法例，許多州也隨後跟進。該項法例規定，「醉酒（Intoxicated）人士不能駕車」。

到了八十年代，多個公民團體，如反醉酒駕車之母親協會（MADD），認為當時反醉酒駕車的法例不夠嚴厲，許多醉酒駕車人士未能得到應有的懲罰，便發動一波再一波的游說及宣傳攻勢。

從1981年到1986年，全美各地都通過了一系列反醉酒駕車的法例。這些法例一方面加強對醉酒駕車人士的懲罰，另一方面降低醉酒駕車的酒精含量標準，使許多飲了一些酒但仍未到達原有醉酒程度的駕車人士也受到法律的限制。

儘管有這些嚴格的法例規定，但是由於許多駕車人士並不瞭解酒後駕車可能帶來的後果，依然有眾多的醉酒駕車事故發生。據全美高速公路交通安全署的統計，1997年全美有一萬六千五百二十名人士死於酒後駕車事故，占全部死亡事故的百分之四十。

由於酒後駕車的事故仍然十分頻繁，警察在執勤時十分注意駕車人士是否是在酒後駕車。據統計，全美平均每年有百分

之二的駕車人士會因為警察懷疑有酒後駕車行為而被攔下，其中百分之十八被攔下的駕車人士因為有酒後駕車的嫌疑而被逮捕。

二、何為「酒後駕車」？

以往禁止醉酒駕車法例是禁止在醉酒時駕車(Driving While Intoxicated簡稱DWI)，但是在80年代起，許多州開始將法例擴大到在受到酒精影響下駕車(Driving Under the Influence of Alcohol，簡稱DUI)。例如，加州汽車管理法例第231529(a)項規定，所有駕車人士在駕駛時血液內的酒精濃度不能過高而影響到其駕車的能力；第23152(b)項規定，所有駕車人士在駕駛時血液內酒精濃度(BAC)不得超過0.08。因而，許多酒後駕車人士在被逮捕時會同時被起訴二項罪名。因而，許多酒後駕車人士在被逮捕時會同時被起訴「醉酒駕車」及「血液酒精濃度超過0.08」這二項罪名。

如何計算自己血液內的酒精含量？這要視個人而定，主要是視駕車人士的體重而定，假定你每次飲用一罐12盎士的啤酒，或一杯四盎士的葡萄酒，或一杯含有一盎士烈酒的混和酒，以下數字可供參考：

體重	每小時次數	血液酒精含量
120磅	1	0.032
120磅	2	0.064
120磅	3	0.096
180磅	1	0.021
180磅	2	0.042
180磅	3	0.063
180磅	4	0.084

三、酒後駕車之法律後果？

　　如果駕車人士酒後駕車未釀成交通事故，實屬萬幸之事，被警察以酒後駕車的理由逮捕後，除汽車會被警察扣押而以後需要大筆錢來交付拖車費及停車費、家人需要籌集大筆資金將駕車人士保釋出來等費用外，駕車人士還將面臨刑事起訴及汽車駕駛執照被吊銷這兩方面的困擾。

　　在刑事起訴方面，駕車人士將會被檢方以前述兩項罪名起訴。如果是初犯者，法院將要求駕車人士支付上千元的交通罰金，外加上千元的法庭罰金，駕車人士還可能坐九十六個小時到六個月的牢刑，在三個月內不得駕車（在汽車管理局臨時吊銷執照期限後執行）。同時，還必須參加費用上千元的駕車人士醉酒/吸毒康復教育計劃。

　　在汽車執照方面，警察在逮捕駕車人士時會沒收其駕駛執照，要保住自己的駕駛執照，駕車人士必須在規定時間內向汽車管理局(DMV)提出申訴，初犯者可能會被罰四個月內不得駕

車,雖然可以提出條件性許可,但是即使條件性許可獲得准許,駕車人士只能駕車上下班或上學,而不能自由駕駛到其他路線。

如果是累犯者,除罰金會加倍,牢刑期會加長外,駕駛執照會被吊銷。這些記錄屬於刑事犯罪記錄的一部份,會在你的個人檔案中保留七年之久,在這七年期間,你的汽車保險公司可能不願意續保而只能購買保費昂貴的「高風險駕車人士」保險。同時,在找工作時老闆會因為你的醉酒駕車紀錄而不敢聘用你。

四、如何保護自己的權益?

如果駕車人士被於警察懷疑有酒後駕車的行為在被攔下時,應禮貌地與警察接觸,少說話為佳。警察會直截了當地問你是否有飲酒,法律上保障每位人士都有不提供一些證實自己有罪證據的權利,因而,你可以禮貌地答覆,在未與自己律師談話前不想回答。

警察會叫駕車人士在現場進行醉酒測試,這些測試包括重述A到Z字母順序、閉上眼將兩手的食指合起來、走直線、用單腳站立、或從地上將硬幣拿起、或吹氣入呼吸器內等,雖然在法律上沒有強制規定駕車人士一定要配合做這些測試,但是如果駕車人士相信自己血液內的酒精含量很低;如果這些測試都通過,警察就可能放人。如果駕車人士身體上有某些殘障而可能會影響到這些測試的結果時,應及時向警察提出,駕車者有權拒絕配合,或者未通過這些測試,駕車人士均會被逮捕,逮

美國生活實用法律手冊

捕並不表示罪名成立，警方需要足夠的證據才能起訴駕車人士，因而少說話，少提供對自己不利的證據，將有利於自己的案件，同時有禮貌地與警察配合，不要爭辯。

到了警察局後，警察會馬上進行酒精含量取樣，目前警方共有三種取樣方式，第一種是抽血（Blood）；第二種是呼吸(Breath)取樣（比現場測試的呼吸更加複雜）；第三種是尿液(Urine)取樣，駕車人士有權選擇其中一種取樣方式，但是無權拒絕取樣，如果駕車人士拒絕取樣，法例規定駕車者的駕駛執照會被吊銷一年。

近期一些醫學研究報告也指出，飲用適度的紅酒對身體有益，在美國緊張的生活中，在節日或周末與朋友煮酒論英雄，也是一宗人生快樂事。但是，切記飲酒莫駕車，駕車莫飲酒。

25. 當被警察攔下來時該怎麼辦？

一向對警察敬而遠之的新移民，一旦看到後面的警車閃起燈來就驚惶失措，不知如何應付是好？有時剛停好車便立即四處尋找駕駛執照或保險資料。後面的警察不知駕駛者在做何事，也相當擔心，因為美國多數人有槍，許多警察都是因為攔車時被人開槍打死的。因而，當駕車人士身體及雙手不停地揮動時，警察很可能誤以為駕車人士在尋找武器。

許多警察誤傷駕車人士的案件就是這樣發生的。因此，在被警察攔下時，雙手應放在方向盤上保持不動，要拿取證件

時，應徵得警察的同意，或由警察代勞，自己不要亂動。

警察在攔下時，一般會查看三類資料：第一類是駕駛人士的汽車駕照；第二類是汽車註冊資料；第三類是汽車保險資料。

警察獲得這些資料後，會返回警車，透過車上的電腦庫，核對這些資料。如果沒有發現其他可疑之處，警察可能開完罰單就讓駕車人士離去。但是，如果發現一些問題，警察可能會對駕車人士或汽車進行搜查行動。

在美國上訴法院及聯邦最高法院所審理的刑事案件中，最常見到的爭議是：警察有沒有理由搜查當事人的汽車？有時，法院會裁定警察無權搜查，因而所收集到的證據不能作為呈堂證據；有時，法院會裁定警察的搜查行動是合法的，因而所有在車上收集到的證據可以作為呈堂證據。

美國憲法第四修正案中明確規定保護民眾的私人財產，政府不能無理搜。私人財產主要包括民眾的住房和汽車。一般情況下，警察只有在具有搜查令的情況下和合理的懷疑，才能夠入屋搜查或搜查駕車人士的汽車。搜查令是事先由警察向法官提出申請的。警察在申請搜查令時，必須向法官提供證據，證明被搜查人所居住的房屋或駕駛的汽車可能涉及到違法的行為。警察在搜查時，要向屋主或駕車人士出示搜查令。

在高速公路行駛的過程中，警察如果有合理的懷疑駕車人士違規駕駛，可以將車攔下。當停車後，警察為了安全起見，可以在駕車人士所能接觸到的車身部位進行檢查，看看是否藏有武器。如果警察透過車後的窗子所看到車主放置的物品是非

法物品時，如吸毒的器具等，可以搜查並作為呈堂證據。如果警察有合理的理由懷疑車上可能藏有其他非法物品時，可以對全車進行搜查。

有時候，警察會向車主詢問是否可以搜查，駕車人可以拒絕警察的要求。不過，警察可能會因為駕車人的拒絕而產生「合理」懷疑，或有其他理由讓他懷疑駕車人有違法行為或車上藏有非法物品，而有權利對車輛進行搜查。

當車輛被警察扣押時，警察會對被扣押的車輛做「清單」搜查，把從車上搜查出來的所有物品都列入清單上。如果在「清單」搜查中搜出非法物品如槍支等，都可以作為呈堂證據。

許多華裔小留學生年少氣盛，父母花大筆錢購買跑車給他們。有時這些青少年在被警察發現違規時，往往誤以為警察不會越區跟蹤，或者自己跑車馬力大而可以逃過警車，殊不知許多警察都覺得逃走的車大有問題，而可能展開大規模的追逐行動。絕大部份的青少年都難逃過警察天羅地網的追逐，在被搜捕後，駕車人士除交通違規外，還可能被指控逃避追捕（Evading Arrest）的刑事罪。

26．如何處理交通罰單？

被警察攔下，如果是例行性的交通違規，警察往往只開出交通違規的出庭通知單（俗稱的罰單）。在拿到這類通知單

時，駕車人士應如何處理？

駕車人士應該首先決定是否要進行「對抗」，與警察在法庭上一決勝負。在考慮時，應該注意，如果進行「對抗」，自己要花很多的時間去準備。此外，在法庭上與警察抗爭時，法官往往會比較傾向警察一方，因為法官認為警察沒有理由無故開罰單，警察只是履行他們的職責而已，沒有必要去故意刁難駕車人士，而被開罰單的人因為自身的利益，有可能提供不實的證詞。因而，法官絕大部份會裁定警察有理。不進行抗爭的好處是，罰款了事。但是在如下的情況下，駕車人士進行抗爭可能會對自己有利：

一、在交通違規扣分很多的情況下，一旦接受罰單，可能導致扣分達到最高限度，駕照因此可能被吊銷。如果不進行抗爭，等於自動認錯，很有可能就此失去駕駛執照。

二、有獨立證人可以證明警察開罰單是不當的，或違法進行的。

在決定與警察在庭上見後，駕車人士在庭上抗爭的過程中要注意如下的問題：

一、如果與外州的警察進行抗爭，通常需要抗爭人到外州去直接抗爭，不過也可以通過律師寫信進行書面抗爭。但是要知道，如果抗爭失敗，在外州的違規記錄也會在加州產生影響。

二、可以在出庭之前或出庭時，改變自己的決定，向

法官請求上課的機會。很多時候法官鼓勵違規者
去交通學校進行學習，學習後可以不扣違規者的
交通違章分數。

三、抗爭前要進行充份的準備。當事人應重返現場，
將現場拍照，尋找有利的證據和證人，從科學的
角度看警察說的違規可不可能？如車速最高只能
是每小時八十哩，但警察的罰單上寫著車速為一
百二十哩，如能找出證人或證據證實該車不可能
開如此快的速度等。如闖紅燈的案件，如果能找
到後面車的人在法庭上指證當事人並沒有闖紅
燈，將是很強的證詞。

在法庭上，當事人還有機會交叉盤問警察，當事人可以從
警察當時的位置、視線、陽光亮度、開罰單的次數及總數，以
及其他罰單的性質等著手，證實警察所說的與事實不符，或透
過盤問讓法院知道警察的證詞錯誤百出，不值得取信。

另外，一些民眾會利用一些技術漏洞來打敗警察。其中最
常見就是延期戰術。警察開罰單時，往往選擇選擇他可以出庭
的的日期。如果駕車人士要求延期，往往打亂警察的原訂的日
程安排。很多州規定，如果警察不到庭，罰單會自動撤消。但
是出現這種情況只是碰運氣而已，而且很多法院也不一定同意
延期。對於延期出庭的問題要事先向法院問清楚。

有時駕車旅遊時會可能在外州吃了罰單，不能置之不理，
如果本人無法去外州可以打電話到法院。如果決定不進行抗

爭,問法院是否可以用信用卡付罰款;如果決定抗爭,可以用
書面抗爭的形式,也可以請當地的律師幫助。

27.如何購買汽車保險?

在美國擁有汽車可以說是一大方便及享受,但是,擁有汽
車往往也帶來許多問題及責任。例如,許多華裔新移民因為剛
來美國,對法律不熟悉以及經濟基礎不好,在能省則省的心態
下,購買了汽車但沒有購買必要的汽車保險。當不幸發生交通
事故時,才發現汽車保險的保費不能省。假定是對方的錯,由
於被撞的駕車人士沒有購買必要的汽車責任險,許多州都將賠
償只限於修車費及醫藥費,而不賠償駕車人士的精神痛苦損
失;假如是駕車人士自己錯而沒有購買任何保險的話,問題叢
生。首先,自己必須承擔所有的修車費、租車費、醫藥費;其
次,要賠償對方的所有損失,包括修修車費、租車費、醫藥
費,以及精神痛苦,少則上千元,多則幾萬元,而且都要自己
個人承擔;再者,如果警察到現場發現駕車人士沒有保險,警
方有權扣留汽車長達三十天,還會開出罰單,法官輕則判幾百
元罰款,重則判罰牢刑或社區義工服務,汽車管理機構也可能
據此理由而吊銷駕車人士的駕照。因而,經歷過交通事故的新
移民,絕對會後悔當初的省錢決定。   為 了
保障駕車人士的利益,全美大部份州都要求所有駕車人士購買
汽車保險。許多州都採用無過失汽車保險制度,即駕車人士不

需要證實誰對誰錯,假如發生交通事故,保險公司都會向雙方賠償事故中的經濟損失,這類保險制度避免許多法律糾紛。但是,限制雙方的賠償,因為這類制度往往不提供精神痛苦方面的賠償。加州等州依然採用過失制度,即犯錯的一方或其保險公司必須賠償另一方的所有損失,包括精神痛苦賠償在內。不管哪一種系統,州政府都要求駕車人士購買必要的責任保險。

　　購買汽車保險是一門很複雜的學問,購買到不必要的保險項目,可能要花許多冤枉錢,但是如果沒有購買到合適的保險,在遇到意外時又得不到必要的保障。

　　一般而言,汽車保險有五大類項,其中一項是政府規定車主一定要購買的責任險(Liiability Insurance),其他四項是供消費者選擇的類項,有些十分有用,有些卻沒有多少用處。

一、責任險。此項保險是在發生事故時,如果是自己的錯的,保險公司會向對方賠償經濟損失如修車費用、醫療費、租車費、工資損失費,以及精神痛苦補償費等,

加州法例規定所有駕車人士都要購買此項保險,如果沒有此項保險,警察會開罰單,有時法官判罰上千元的罰金。此外,如果累次犯規,駕駛執照都可能會被吊銷,加州第213號提案還規定,如果駕車人士沒有責任險,縱使對方的錯,對方保險公司可以不支付精神痛苦賠償費。

二、無保險駕車人士保險或保險不足保險(Uninsured

Motorist or Underinsured，簡稱UM)。此項保險
是在發生事故時，如果是對方的錯而對方沒有購
買保險，或對方逃離現場，自己的保險公司可以
作出與責任險相同的賠償，

三、醫療費用保險(Medical Payment)。此項是不管誰
對誰錯，保險公司都會替投保人支付醫療費用，
如果駕車人士沒有醫療保險，應購買此項，以防
萬一自己的錯而沒法獲取到必要的治療。

四、碰撞險(Collision)。此項是不管誰對誰錯，自己
的保險公司都會支付因為汽車碰撞而引致的修理
汽車費用。

五、綜合險(Comprehensive)。此項只賠償汽車除碰撞
以外的損失，如汽車被偷、窗戶被打破等汽車替
換或修理的費用。

　　儘管州政府強制性要求購買責任險，但是，全美有近三分
之一的駕駛人士都沒有購買法定的汽車保險。因而，為了避免
被人撞後對方沒有保險賠償的情況，最好是購買UM保險，許多
消費者未必有健康醫療保險，因而，購買醫療費用部份也是有
相當大的好處，這兩項添加保險的保費並不高，但是可以發揮
很大的作用，可以說是物有所值。

　　第四項及第五項，除非是新車或是貸款購買的汽車規定一
定要購買，但是，消費者使用的機會較少，保費相當貴，要省
錢的話，這部份可以省一些。

如果經濟允許的話，並且駕車人士財產較多的話，有時遇到大型交通事故而法定要求的基本保險不足夠應付賠償，而可能牽涉到駕車人士的個人財產。爲避免這種問題出現，駕車人士應增加保險的保險金額。另外，保險公司都會有自付額（Deductible）的規定，即頭一筆的費用由駕車人自己承擔，如果自付額越高，保費就會越低，駕車人士可以購買自付額較高的保險，而節省每月支付的保費。

28．發生車禍時該怎麼處理？

在駕車時難免會遇到交通意外事件，如果不幸遇上交通意外，該如何處理？

一、在發生交通意外事故時，不管事故是涉及到行人、其他車輛、或停泊的車輛，不管誰對誰錯，駕車人士都必須停下來交換資料。新移民經常犯的錯是：在事故發生後，自己覺得沒有大礙，又是對方的錯，而直接駕離現場，或拒絕向對方提供資料。如果駕車人士未停下來，反而揚長而去，即使不是駕車人士的錯，仍可能會被指控「逃逸現場」(Hit and Run)的刑事罪名。

二、如果在事故中有人受傷，應馬上打911緊急電話，如果駕車人士自己受傷，應不要亂動，可能會引致傷勢更嚴重，應等候救護人員及警察到達現

場。

三、如安全,在警察到達現場前,或者如果沒有警察到現場,駕車人士應儘快尋找路邊或車後的證人,並記錄下他們的資料,如果事故不嚴重,警察未必會趕來,雙方可直接自己交換資料,並作出一些事故發生的基本記錄。

在駕駛人士的個人資料方面,主要包括對方的姓名、地址、出生日期、電話號碼、駕駛執照號碼及執照失效期、保險公司名稱及保單號碼。

汽車資料方面,主要包括汽車的廠牌、型號、年份、車牌號碼及其失效日期、汽車的辨別號碼,如果汽車不屬於駕車人士所擁有,應記錄下汽車登記註冊擁有人的姓名、地址、電話號碼及保險公司資料。

証人資料主要包括証人的姓名、地址以及電話號碼,請求他們和你一起等候警察的到來,如果証人要離開現場,應詢問他們的証詞會是如何?乘客資料主要包括對方及自己車上所有乘客的姓名、地址及電話號碼。

在收集現場資料時,你可以用一張紙將事故發生的地點、路名、方向、路標、路燈、事故發生前的汽車位置,以及事故後的位置等資料繪製簡單的圖案記錄下來,並記錄下當時的時間、天氣狀況,估計一下當時自己的車輛及對方車輛的速

度，如果隨身帶有照相機，最好能用相機用將現
場拍下來，

四、儘快尋找專業律師援助。許多州都規定駕車人士
在事故發生的一定時間內向汽車管理機構報告事
故的記錄，雙方的保險公司都會派人來調查及估
價，專業的律師可以從申報汽車管理局到最後的
保險理賠提供全套的專業服務，大部份的律師都
願意用「打贏分成」(Contengency)方式來受理此
類人體傷害案件，即不獲賠償不收取律師費用。
正規的律師事務所大都是以客人獲取到賠償金的
三分之一、三分之一為醫療費、另三分之一為律
師費。

此外，車禍的理賠有時間上的限制，如果索賠的對像是政
府機構的話，必須在半年內提出，其他對象則視各個州的規定
而定，通常規定駕車人士必須在一年到二年內提出訴訟，否則
將失去自己的訴訟權。

29．購買新車的法律權利？

美國是世界上擁有車輛最多的國家，共有一億三千七百萬
輛汽車，平均每1.7人就擁有一輛汽車，而全世界是每12個人
才擁有一輛汽車。據統計，美國人每年在汽車上的花費平均為

$8,000元。汽車在美國非常普遍,也是日常生活中必要的交通工具。每台汽車的平均售價爲$20,000元左右,這對普通的民衆而言還是比較昂貴的,也是一大筆投資。在選購新車時通常應注意如下的問題:

一、要事先比價。比價有多種方式,上網查詢是一種簡捷和方便的辦法,網站有汽車的性能和價格方面的資料。還有一些雜誌如消費者報導「Consumer Report」,每年都會出版一本「新車購買指南」;還有一本「Motor Trend」雜誌每年都對新車的價格進行比較。在購買新車之前,要通過網站或有關資料進行價格的比較。

二、對自己的財力進行評估,買車要量力而爲。買車時要考慮到自己財務的承受能力,不要買將來承擔不起費用的汽車。常見的汽車價格從$10,000左右到$50,000之間不等,要綜合考慮自己情況,購買合適檔次的汽車。

三、要懂得購車談判的技巧。購車時往往與經過職業訓練的汽車經銷商(Dealer)打交道。在與他們談判時要注意:

    1. 談判前要知道自己所要購買車的品牌,要堅持自己的立場,不要在經銷商的拉攏或誘惑下輕易地改變自己的想法。

    2. 做一些背景調查,知道經銷商從汽車製造商獲得的價格。

3. 不要過早作出購買的決定，過於倉促往往帶來後悔。

4. 要考慮是否有必要購買車上一些可選擇的附屬設備。有時經銷商賣出的附屬設備比較貴，如CD等，可以事先問一下外面的價格。

5. 在談價格時，經銷商往往把製造商的現金退款(Rebate)也算作他所給客戶的優惠。應該設法讓廠家把折扣寄到家裡，不要經過經銷商處理，以避免依次作為減價的籌碼。

6. 不要急於作「Trade In」的交易方式。購車中的所謂「Trade In」就是把舊車賣給汽車經銷商以作購買新車的部份費用。如果不知道自己的舊車究竟價值多少錢，經銷商往往把價格壓得非常低，如果賣給其他人可能價格會更高些。舊車的價格可以到「藍皮書(Blue Book)」網站去查閱，網址是www.kbb.com。

7. 要提防一些會說中文的銷售人員，他們有時發現客戶是剛來美國的新移民，英文及法律都不懂，因而利用客戶的弱點，嘴上說一套，而在合同上寫的是另一套。不懂英文的消費者在簽約之前應該找懂英文的人仔細閱讀合同。另外在談條件的時候，做一個書面的記錄，然後叫銷售人員在談判的草約上簽上字，與合同上的條款做比較，看看是否兩樣。合約與談判草案

不符，應馬上指出，如不改正，應不要考慮該
汽車經銷商。

8. 要注意銷售人員所採用的高壓手段，如把汽車
要鑰匙拿走不讓客戶走、故意拖延或故意誇大
其詞進行心理戰。

四、要知道在新車銷售的合約並沒有「冷卻期」，亦
即簽字之後不能反悔。辦理完新車購買手續，購
買者將新車駕離經銷商的停車場，對經銷商來
說，這輛新車已成為二手車。二手車與新車的價
格差距非常大，經銷商絕不同意消費者退車‧因
而在買車之前一定做好充份準備。對此有些消費
者常有誤解，誤以為購買新車有三十天的退貨
期。

五、貸款問題。要問清楚貸款的利率是單一利率還是
複利率（即利息上再算利息），複利率的代價很
高。一些不法經銷人員往往在合同上的利率上做
手腳，一旦簽字後就成為事實，即使上法庭，由
於客戶已經簽字，因此法官往往判經銷人員勝
訴。

30．你的車是否是「檸檬車」？

所謂「檸檬車」（Lemon Car）是指消費者買到手的新車有

嚴重的缺陷，故障不斷。據統計，百分之一的新車是「檸檬車」，全美國每年大約有十五萬輛。每個州對「檸檬車」的定義不盡相同，但是對的「檸檬車」基本特徵大致如下：

1. 修理多次而問題總是修不好。

2. 汽車有嚴重的缺陷。這種缺陷影響到汽車的正常駕駛及降低汽車的安全性能，如汽車的剎車系統、方向系統及信號燈系統有問題。

3. 在購買後的一到兩年間修理很多次，或在第一個12,000哩里程及第一個24,000哩里程之內修理多次；或是在購買後的一到兩年中放在修理廠修理的時間超過三十天或是規定的其他時間內。

在上述的情況下，車的故障仍然沒有修好，這類新車就被算作「檸檬車」，每個州對「檸檬車」的定義可以上網www.autopedia.com去查詢。

當自己購買的新車屢次修理都無法修好時，車主有理由懷疑自己的車是「檸檬車」，為調查其他車主是否有同樣的問題，消費者可以到全國高速公路交通安全管理署（NHTSA）的網站查看自己的新車是否榜上有名，網址是www.nhtsa.dot.gov。

如果發現自己購買的車屬於「檸檬車」或具有與「檸檬車」相同的特徵，車主應該做如下的處理：

通知汽車經銷商和製造商。車主可以將車開回到自己購買新車的經銷商，如果經銷商修理不好，車主可以在車主手冊中

找到汽車製造商的免費800號電話，而直接向製造商交涉。製造商接到通知後可能會採取一些補救措施，但是如果結果仍不滿意，消費者有權要求進行仲裁(Arbitaration)，仲裁機構做完聽證後決定該車是否爲「檸檬車」。

如果對仲裁的結果不服，車主可以將製造商告到法庭。但是製造商爲了避免官司可以採取兩個措施，首先是爲了避免更多的汽車收回，製造商會拒絕承認是「檸檬車」；第二是如果汽車的缺陷非常嚴重，大部份製造商都願意提供一個「Replacement」即換車，或直到修好爲止。

如果仍然無法解決，應該向律師諮詢，許多律師專精「檸檬車」的訴訟案件，他們有時可以採用分成的方式先免費替消費者訴訟，勝訴後才從汽車商的賠償中扣回律師費。

31. 長期租車注意事項？

統計表明，在新車的銷售中，有三分之一不是全額付款購買或是分期付款購買，而是採用長期租賃的方法(Lease)。長期租車的優點是：

一、可以經常開新車，開二、三年就可以換新車，沒有開舊車的擔憂；

二、長期租賃每月的付款，可能要比貸款買車的每月的付款少一些；

三、可以花比較少的錢，開高檔次的車。

長期租車的缺點是：

一、租賃者不斷地每月付款（Payment），但是除非到期時再付大筆資金，否則到頭來無法擁有汽車，貸款分期付款購買車則在付款期完結後，車主可以擁有汽車的所有權。

二、租賃一段時間後，如果決定購買所租用的車輛，要額外付款，但是付款金額要比這部車當初的賣價高出很多。

三、租賃條款中往往按行駛里程收費。如一年之內只能駕駛一萬二千哩到一萬五千哩，如果超過規定的哩程，以每哩二十五分或更高的費用來計算。如果駕車的哩程預計很多，租賃未必合適。

四、一旦租賃車輛的合約簽訂，很難解除合約；即使解除，也要付出昂貴的罰金。

五、除了付租賃費之外，還可能要付利息。

在簽訂長期租賃車輛時，要做通盤考慮。要知道每個月的付款額究竟是多少？如果要購買這輛車將花費多少？如果超出所規定的哩程將如何收費？如果提前解除合約罰款（Penalty）是多少？這些都要問清楚。而且這些問題都是可以談判的。有些經銷商也從利率中賺消費者的錢，要問清楚利率是如何計算的。

租車期間汽車的維修費用一般是由租賃者負責，但消費者可以透過汽車經銷商購買維修計劃，但是其費用往往比其他修

理廠高。汽車經銷商為保持自己的利益，都會要求租賃者購買汽車責任保險、汽車綜合保險、汽車碰撞保險等，以防汽車在租賃期間因交通事故而報廢。

32. 短期租車注意事項？

如果在美國旅遊或到外州出差，消費者需要短期用車，可到機場或旅館附近的租車公司租車。短期租車(Rental Car)為消費者帶來許多方便，但是也給許多從未租過車的新移民帶來很大的困擾。在租車，應對租車公司的程序及自己的權利有所瞭解。

一、租車公司可以不租給二十一歲以下人士。根據法律，因為出租公司如果認為租車人駕駛車輛出事故的風險太大，他們有權不向這一族群出租。甚至對於年齡在二十五歲以下的所謂「高風險」開車人士，其租車的費用可以比其他人租車的費用高。只要對租車人沒有種族、性別和宗教方面的歧視，租車公司可以對不同年齡的租車人採用不同的租車收費標準。

二、租車公司有權要求租車人使用信用卡租車，作為收款及收回汽車的保障。租車公司也可以要求信用卡公司「冷凍(Freeze)」租車人的信用。如租車的費用為二千元，而租車人信用卡的信用額度

為二千五百元，租車公司可以讓信用卡公司「冷凍」二千元，此時租車人只有五百元的信用卡使用額度。這樣就保證了租車公司可以收到二千元的租車款，但是租車公司未經租車者的同意不得馬上收費(Charge)。

三、如果租車者向租車公司預訂特別的車輛的款式及型號後，但租車者改變或取消預定，租車公司可以收取一定的費用，因為租車公司往往要花錢調動一些特別的車輛如箱型車、敞篷車或其他具有專門用途的特殊車輛等。所以在進行租車預定時，要問清楚預定後取消的收費情況。

四、租車公司可以調查租車人的駕駛記錄，如果發現租車人有酒醉駕車、駕照屢次被吊銷的記錄及在過去的一年中有兩次車輛事故等情況，租車公司有權不租借車輛給這些人。租車公司可以通過汽車記錄聯盟查尋租車人的不良記錄。如果個人想知道自己的駕車記錄，除了詢問車輛管理局(DMV)外，可以通過網web2.tml.com來查找，不過要付十一元錢。

五、租車公司的短期租車收費用名目很多，事先一定要問清楚。租車公司常見的有里程費用，也就是每哩收費、機場費用、額外駕駛費用、年青駕駛員的額外費用：兒童座椅(Car Seat)費，（例如，加州及有些州規定，6歲以下或重量在40磅以

下的兒童一定要有坐在專用的汽車兒童用椅子
上）；重新加油費，一般在歸還車輛時應該把油
加滿，因為租車公司收取的加油費往往比外面的
油價高。

還要非常小心的三件事是：

第一、可以把自己的車輛保險轉到所租得車輛上，這
　　　樣可以節省費用，不過自己的保險一定要有車輛
　　　碰撞險，否則還是應該買碰撞險。另外信用卡公
　　　司也提供租車保險，有關保險的問題應該在租車
　　　前問一下自己的保險代理和信用卡公司，查問自
　　　己現有的保險是否能適用於短期租來使用的汽車
　　　上。

第二、是租車長途旅行時，如果有兩個人或兩個人以
　　　上輪流開車，在租車購買保險時應該把其他人的
　　　名字也寫上去，因為大部份租車公司在合同上只
　　　寫一個人的名字，在條款上只允許一個人駕車，
　　　如果其他人駕車發生事故保險公司不負責賠償。
　　　為了安全，在租車購買保險時儘量把可能開車人
　　　的名字都寫上，租車公司可能因為額外的駕駛人
　　　士而多收一些費用，但是仍是值的。

第三、如果租車合約到期，租車人士仍未如期將汽車
　　　退還給租車公司，租車公司在催促多次後仍未見
　　　還車，或與租車者聯絡不上，租車公司可以向警

察報失，屆時，租車人士駕駛的汽車就成為丟失
的汽車，警察查出時可以將駕車人士逮捕，並以
刑事罪起訴租車人。

33．如何購買二手車？

新移民剛到美國，仍未建立良好的信用，並且沒有良好的
經濟基礎，不一定能購買到新車。與新車相比，二手車的價格
便宜許多，不過二手車所隱藏的問題也不少，尤其是直接向車
主購買時，雙方都不認識，買主不知道車的來龍去脈，因此購
買二手車時最好做如下的考慮：

一、對二手車不要「一見鐘情」。不要被二手車的外
表所迷惑，因為車的外表花上幾百塊錢「美容」
之後，就會顯得格外的亮麗，但是車的問題總出
在華麗外表的內部，如引擎的問題等。

二、要仔細查看二手車的內部，特別是要注意是否有
被碰撞過的痕跡。消費者可以上網站查一下要買
的二手車是不是被碰撞過、是不是要被回收的車
及是否有缺陷，這一類型的汽車是否有被收回的
記錄等，消費者可以到全國高速公路交通安全管
理署（NHTSA）的網站查看該型號的汽車可能存在
的問題，網址是www.nhtsa.dot.gov。

三、購買二手車最好能把要買的二手車開到自己熟悉

的、信得過的修理汽車廠，讓有經驗的技術工人幫助檢查安全性能及尾氣排放的性能等。

四、無論是通過二手車經銷商還是賣主，要把談判的過程寫下來。特別是要注意看哩程是多少？哩程表是否被動過？有很多情況下二手車的哩程表都被動過，將一些極高的哩程數調低，如13萬哩調成3萬哩。

五、二手車中有被偷來的車，但是買主並不知道，一旦被警察查獲，汽車車還給失主。對於購車人來說「車去錢空」，無法追索。購買者只能向出售者追討，但是，他們早已遠走高飛。為了防止這種情況發生，應該對車主的車主證（Certificate of Title）進行調查，查看出售者是否真正擁有所賣汽車的所有權，核對汽車的車主證是否與出售者的駕駛執照是否相符，車主證的名字一定要與出售者的姓名相符，如果出售者聲稱是幫朋友出售，車主朋友已在車主證上簽了字，此時，購買者要格外小心，很可能是一個騙局；如果是通過經銷商購買，車主證的名字應該是經銷商的名字或者是以前車主的名字。

要注意，如果車主是在外州，車主的名字是一個郵遞區號或一個拍賣行的名字，買主應該知道這是一輛被拍賣的汽車。如果發現車子左上角的「VIN」(Vehicle Identification Number)」被

更改過或被拿掉，應該知道這部車一定有問題。可以用「VIN」和車牌號到www.carfax.com查詢該車背景。該網站收取十元左右的費用，就可以調查到這輛車的來龍去脈。

　　從私人手中購來的二手車，除原汽車所提供的保修外，一般原車主都是按照現狀（As Is）出售而不提供任何保證，並且原車主不需要告知消費者此交易是沒有保證的。但是，如果出售者為二手車經銷商，聯邦貿易委員規定，每年買賣六輛二手車以上的經銷商，必須在車上提供一個購買者指南，指南上必須要說明該車是否有保證，或者說明該車只是按照現狀買賣，沒有保障。很多二手車的經銷人員是由汽車管理機構進行管理的，對二手車銷售人員的不法行為或欺詐行為，消費者可以向相應的管理機構投訴。

第四章　房屋與法律

34．如何選擇房地產經紀人？

　　早期的華裔移民都抱著落葉歸根的心態在美國居住，但是，隨著時代的變化，越來越多的華裔移民都開始在美國落地生根，擁有自己的房屋，成為達成美國夢的象徵。但是，對於許多新移民來說，購置自己的房屋，是一生中最大的決定‧但是由於對美國房地產的作業認識不多，再加上房地產的法律相當複雜，新移民在購買房地產時往往上當受騙。

　　要瞭解房地產的運作，首先要瞭解到房地產買賣過程中的幾個重要人物：

　　房屋買賣的交易涉及到「賣主(Seller)」，賣主由於經驗不足及廣招買家而通過經紀人代表其銷售房屋；想購買房屋的「買主(Buyer)」，想多找幾家可選擇而通過經紀人代表其購買房屋。介於買主和賣主中間的稱為「房地產經紀人(Real Estate Broker)」。房地產經紀人擁有從事其專業的執照，可以合法的從事房地產買賣，提供仲介服務來賺取傭金。

　　在房地產經紀人之下有房地產的銷售代表，通常稱為「Agent」。「Agent」可以代表經紀人，也可以是「獨立的合約商(Independent Contractor)」。雖然「Agent」在經紀人之下工作，但是「Agent」沒有工資，只有在房屋買賣(Deal)

達成後，才與經紀人分享商洽好的傭金。我們華人在談及房地產經紀人的時候，有可能是「Broker」，也有可能是「Agent」。一般來說，Agent在積蓄多年經驗後，可申請考試成為「Broker」。

值得注意的是，「Broker」和「Agent」並非政府的一個職位或頭銜，他們要通過專業考試，再向當地州政府進行註冊登記後，才能拿到執照。許多經紀人及經紀代理加入美國房地產經紀人協會，經紀人通常被稱做「Realtor」，但是加入美國房地產經紀人協會是自願的。

房地產經紀人可以代表賣主，也可以代表買主。如果同時代表買賣雙方，經紀人可以拿到買賣雙方的全部傭金，如果房地產經紀只是代表買賣中的其中一方，只能拿所代表方的傭金。由於買賣雙方存在著利益衝突，在法律上，他們如果代表雙方的話，必須向雙方說明利益衝突，並必須徵得雙方的同意方可。其實，對於買家來說，擁有自己的經紀較為划算，因為房屋交易的傭金是來自賣主，自己的經紀出面，對總價的影響並不很大，而自己的經紀是忠於買方，而傭金則從賣方經紀處分享。

賣主可以通過稱為上市經紀人(Listing Agent)將房屋放入市場上。房屋出售的價格越高，上市經紀人所得到的傭金也就越高，因此上市經紀人與賣主利益是一致的。賣主在房屋交易達成後，會向房地產經紀人（賣方及買方一起）提供一定比例的傭金，一般為房屋售價的百分之六，但是可以商洽。上市經紀人及買方經紀人在交易達成後從賣主方拿取傭金。

　　由於新移民不是經常買賣房屋，因而與房地產經紀打交道的機會不多，在與房地產經紀人或經紀代理打交道時，應注意下列狀況：

一、如果買方經紀人領買主去看房子，但是最後出價替買主成交的是另外其他的經紀人，在這種情況下，首位領買主看房子的經紀人仍然可以得到傭金。

二、如果一個經紀人只是對買主提到某處有房子出售而沒有提供具體地址，買主透過其他渠道去看房子而達成交易後，前一位經紀人將不到傭金。所以很多經紀人不願意在電話中提供房屋地點等相關的信息，只要拿到地址，便親自帶買主去看房。

三、買主可以委託多個經紀人尋找房子，但是買主必須要向這些經紀人講清楚他有委託其他經紀人尋找，只有協助找到房屋並達成交易的經紀人才能獲取到傭金，其他人則拿不到任何傭金。

四、在屋主不通過經紀人而自行售屋的情況下，買主可以直接與屋主談，也可以找律師及作房地產經紀的朋友去和屋主談。在屋主自售的情況下，買主購房可以不需要經紀人，因為買主的經紀人只有第一次陪同買主去看上市的房屋並且在成交的情況下才可以拿到傭金。可以通過經紀人找到屋主自售屋，買主與屋主可以直接談價，這時要付

給陪同看房的經紀人費用，但是不是像支付傭金那樣按照房價的比例。買主也可以動員房屋自售的賣主給其經紀人百分之三的傭金而不是百分之六，但是是否可行則由房屋自售者自行決定。

35. 賣主注意事項？

賣主經常因為其委託的房屋經紀人之間發生誤解或衝突，賣主應該知道，一旦與經紀人簽訂了委託賣房的合同，對於經紀人來說就得到了一份「就業」契約。屋主聘用經紀人把房子推銷上市，幫助找到買主。在法律的原則下，經紀人根據與屋主所簽訂的合約，只有找到接受屋主所提供價位的買主，無論房屋買賣是否成交，經紀人就有權拿到傭金。

屋主與經紀人所簽訂的房屋上市代理協議有如下的幾種形式：

一、英文叫「Exclusive Rights of Sale」，中文可以翻譯成獨家出售權。這種方式規定了屋主的房屋一定要由簽約的經紀人銷售的權力，不論用什麼辦法把房子賣掉，即使以後屋主把房屋自己賣掉，也要付給經紀人傭金。

二、「獨家代理（Exclusive Agency）」。獨家代理與獨家出售權不同，簽訂獨家代理的合約意味著屋主的房屋只能通過簽約的經紀人進行銷售，但

是屋主仍可以自售，如果屋主自售，簽約的經紀人就拿不到傭金。

三、「開放式（OPEN）」。如果屋主熟悉房地產的運作，並且不要花費百分之六的傭金費用，屋主可以採用開放式的房屋上市代理協議，允許任何經紀人去尋找合適的買主，尋找到合適買主的經紀人可以得到百分之三的傭金。如果屋主自己先找到買主，就不需要付任何傭金。但是這種開放式的代理協議最好有時間方面的限制，萬一屋主找不到合適買家而需要交給經紀商獨家代理時，很可能因為這些開放式協議的存在而未法進行。

屋主在簽訂房屋上市銷售的代理合約時應注意的問題：

一、簽約中不要有「自動延期（Automatic Extension）」這樣的條款。一般代理合約的期限為三個月到六個月，如果在這段時間房屋仍然沒有銷售出去，應該考慮一下問題究竟出在哪裡，應該對經紀人作重新的考量，如果有「自動延期」的條款，將失去更換上市經紀人的機會。

二、在簽訂的合約中應該明確訂定取消合約的權力，這個問題可以與經紀人商談。

三、「合約的保護期（Protection）」。一般情況下，保護期為90天到180天。所謂保護期是指經紀人找到買主，但是沒有當時過戶，如果以後在保護期

時間內買主完成房屋過戶手續，賣主仍然要付給
經紀人傭金。

四、在尋找上市經紀人時，屋主可以要求經紀人提供
他們的「市場行銷計劃(Marketing Plan)」。每
個經紀人的市場取向都不一樣，也有經紀人同時
代表很多屋主銷售，不一定有更多的時間為你的
房子推銷，可能錯失很多機會。

36. 屋主如實告知的責任為何？

購置房屋不僅是新移民一生中的最大一筆消費，而且還是
一筆重大投資。消費者在購買生活用品前都會仔細比價及檢查
質量，購買房屋也應如此。在出價、還價以及最後的過戶手續
中，買家應對所購得房屋要進行仔細的檢查。

美國法律比較保護購屋者的利益。如果賣主對所售房屋存
在的問題隱瞞而不向買主講清楚，如果以後買主發現這些問
題，也可以把賣主及其經紀人告上法庭。不過，與其到時候上
法庭解決，倒不如在購房之前就查清楚房屋存在的問題。房屋
存在的問題大致有四種情況值得買主的注意：

一、顯而易見的缺陷。顯而易見的缺陷是大家都會看
得到的，對這種明顯的缺陷，賣主不能提供不實
的情況進行解說。如屋頂塌陷，賣主不能說沒
事，原來設計就是這個樣，而不把屋頂塌陷的真

實原因及產生的後果告訴買主。

二、重大的缺陷，但是不易被發現。例如因為地震等原因，房屋的地基有問題、無執照興建的房屋、房主自己加建的一些房屋附屬設施違反市政規定、季節性的缺陷如下雨時房屋漏雨、一些發生過的問題但是採取一些辦法臨時把問題掩蓋了，如把漏水之處臨時處理一下，其他人看不是漏水的地方等。如果賣主知道這些潛在的問題，法律要求他們應該把這樣的問題公開並告訴買主。

三、環境保護方面的缺陷。如果房屋內存在有害物質氡(Radon)、發黴的地方、用含有鉛物質的油漆粉刷及用石棉(Asbestos)做隔熱或防火材料等(舊建築物內常用)等，屋主都要如實的告訴買主。

四、如果賣主已經將房屋的缺陷問題向經紀人講清楚了，但是經紀人並沒有向買主轉告，這時經紀人負有責任。將來經紀人的保險公司會向買主賠償。賣主為避免將來法律上的麻煩，最好用書面的方式把房屋的缺陷向經紀人講清楚，便於以後出現問題的時候分清責任。對於賣主來說，即使公開出房屋的缺陷後房子的售價可能會降低，但是應該這樣作，一來法律上要求屋主這樣作，二來可以防止將來被牽入訴訟案中成為其中的被告。

如果屋主發現房屋經紀代理(Agent)有不當的行為，屋主可以採取下列必要的措施：

一、為了避免與經紀人發生糾紛，在選擇經紀人之前要對所選的經紀人進行相關情況的瞭解，例如有無被吊銷執照的記錄、有無被起訴過等。

二、如果發現經紀代理（Agent）有問題，應該先通知「Broker」。因為「Agent」依賴於「Broker」的執照，「Broker」不希望自己的「Agent」利用他的執照作違法或不道德的事情。如果得不到解決。可以向當地的房地產協會投訴，作為同業者，被投訴人會考慮他在同行業中的聲譽，當地的協會也可以在中間進行協調。

三、如果問題仍然得不到解決，可以向管理房地產經紀的政府管理機構執訴，讓這些機構調查經紀人是否有觸犯法律的行為，以便吊銷其執照。

四、聘請律師向法院提出訟訴。將涉案的經紀代理，經紀人等告上法庭。

37．購房時所受歧視怎麼辦？

與墨裔及黑人一樣，亞裔在美國仍然是少數族裔，在日常生活中美國社會也仍然存在著對少數族裔歧視的現象。在上個世紀60年代以前，也就是美國的民權運動以前，很多保守的城

市都有一些具有種族歧視色彩的法案，如50年代的聖瑪利諾市，就有不允許華裔在該市購買房屋的法案。

1964年美國的民權法通過後，對膚色和種族等對少數族裔歧視的政策逐漸被取消，但是種族歧視的行為在購房中仍然時有發生，聯邦政府為此擬定了「聯邦公平房屋法案」。該法案禁止房屋貸款公司及房地產公司有歧視的行為，其中規定不能因為購屋人的種族、膚色、宗教、性別、國籍、殘障情況及有十八歲的小孩等情況而拒絕出售、出租及與之交往；不能因為上述原因而對客戶謊稱房屋已經售出或租出；不能以某某少數族裔大舉「入侵」、這個地區馬上就要變成某某族裔的社區等為由，勸說屋主把房子賣掉；對待任何購屋或租屋者要一視同仁，不能因為種族及膚色而採取兩種不同的價格。

如果華裔新移民在購房中感覺受到了歧視，應該做如下處理：

一、要保持好發生問題時的記錄，如和誰聯繫？電話中談了什麼？和誰見面？見面後又談了什麼？會面人的名片及當時的文字記錄。

二、直截了當的與當事者面對面的對質，要求他(她)們的歧視提供合理的說明或解釋。

三、如果對其說明或解釋不滿意，可以向當事者的上司投訴，同時向政府的管理機構投訴。

聯邦政府對這類行為有三個機構可以替受到歧視的少數族裔打抱不平，他們分別是：

1. 全國公平住屋聯盟(National Fair Housing

  Alliance)，電話：1(202)896-1661（該機構
  在獲得民眾舉報後，可派便衣探員調查）。

2. 聯邦住屋署住屋歧視熱線，電話：1(800)669-
  9777，www.hud.gov(該機構調查所有住屋歧視
  方面的投訴)

3. 聯邦司法部，電話：1(800) 896-7743，(202)
  514-4713，www.usdoj.gov
  （該機構調查並起訴大型公司或地方政府大規
  模的歧視案件）

四、聯邦政府及州政府都設有專門的機構來協助被歧
  視的弱勢團體，但是，法律規定如果民眾要向政
  府管理部門投訴這些公司、銀行和經紀人的歧視
  行為，必須在發生的一年內提出。

五、民眾還可以諮詢民權律師，對歧視行為進行民事
  訴訟。但是訴訟如在州法院層次提出，必須在事
  件發生的半年內提出，如在聯邦法院提出，必須
  在事發後的二年內提出。

  華裔人士都喜愛投資房地產，被歧視的現象雖然有，但是
為數不多。但是我們老中歧視其他族裔如非洲裔、墨裔等的情
形非常嚴重。南加州曾有多名華裔業主被政府管理部門指控種
族，「己所莫為，勿施於人」，我們華人身為少數族裔，應該
體諒其他族裔的背景，聯手清除種族歧視，而不應相互歧視。

美國生活實用法律手冊

38．簽署購屋合約注意事項？

與其他買賣一樣，房屋的買賣也是經過開價和出價的一番討價還價之後才能成交，成交後所簽訂的房屋買賣合約具有法律效力，買賣雙方簽字後此合約即可生效。

對於購屋者，應該注意的事項如下：

一、出價(Offer)。可以通過經紀人用標準的表格出價。但是應該知道，經紀人出價所用的標準表格並不是政府規定的，如果對表格中的條款不滿意可以修改或刪除，也可以添加。

二、定金。法律上並沒有規定必須有定金或是定金的數額是多少。定金是雙方自願的一種約定俗成，表明了買方的誠意，避免了賣房的一些風險。但是由法院拍賣的房子，政府要求要有定金。向對方交納定金時要考慮如下問題：

1. 定金存放何處。一般情況下不要將支票直接寫給賣方，應該交給公證人(Escrow)或存入律師的信託賬戶。

2. 定金的退回。應該考慮退款協議的條款，即在什麼情況下和什麼時間之內必須把定金退還給買主。如合約簽訂及定金交完後出現買主不買的情況或賣主不賣的情況。

法律上對於定金退還的情況並無明文規定，但是在一般情況下，如果出現買家不買的情況，賣

主有權將定金留下，以補償所謂的「機會損失」，不過在合約中應該注明定金是「Option Money」，也就是「機會定金」。買賣雙方可以對「Option Money」進行時效的限制，一般為四到六個月，而過戶的時間為30到60天，如果在「Option Money」規定的期限內買家仍然不買，賣家就可以扣下定金。

三、房屋的產權。買賣合約上的房屋產權必須是完美無缺的，亦即屋主沒有任何債務。一般有30到60天的過戶時間，在這段期間要檢查一下貸款夠不夠、有無能力拿到貸款及產權是否完美等。

四、過戶期間所發生的問題。在30到60天的過戶期間，可能會發生一些問題。如買家想在過戶沒有完成以前就搬進來，或賣家想延後幾天搬出去等。最好避免這種情況的發生，因為一旦在這段時間發生意外事件將很難處理，如發生火災，因為解釋不清楚，買賣雙方的保險公司都不會受理。所以買家的進駐及賣家的搬出，一定要另外簽訂合約。

五、開價的時間限制。時間對於開價非常重要，開價應有時效的限制，對方在一定的時間內必須對出價進行回應，否則會錯失一些機會。開價的時效雙方可以談，比如是48小時。在對方接受開價或對方出價之前或者在接到對方通知之前可以取消

開價。但是接到對方接受開價的通知，就無法取消開價。

六、房屋的檢查。合約中應該明確，買主有權對房屋進行檢查，檢查後如果對房屋不滿意，可以取消合約。實際房屋檢查是非常重要的，可以以此作為討價還價的依據。檢查房屋時要找專業人員，對買方來說找一個自己信得過的、能夠為自己著想的人更為有利。

七、不要忽視房屋環保安全方面的檢查。房屋環保方面的檢查也很重要。房屋內外如果存在有害的化學物質，不僅對居住者的身體產生危害，對以後房屋的過戶也會有很大影響。

八、合約中要明確房屋的附屬設施或附屬物應做如何處理。要明確哪些是屬於房屋本身的(Built-In)？哪些是可以搬走的？一些銷售商在展示房屋時往往擺一些傢具進行裝飾，簽約時要明確這些物品的歸屬。

九、房屋交付使用時，剩餘的物品如何處理。如屋主搬走後往往留下了很多垃圾，他們有責任去處理，但是應該在合約上明確列出。

39. 購屋違約時該怎麼辦？

　　雖然經過一番討價還價的反覆過程最終簽訂了購房買賣合約，但是合約簽訂後買方或賣方違約、毀約及不履約的情況時有發生。一旦出現這樣的情況，買賣雙方都應該清楚違約方應該承擔什麼樣的責任，並知道如何作相應的處理。

　　一、賣方違約。根據法律，如果賣方違約，賣方必須賠償買方的經濟損失。買方的經濟損失包括買方交給賣方的定金、做房屋檢查聘請專業人員等所支出的費用和申請房屋貸款的費用及其他涉及到買房所直接發生的費用。當然，買方也可要求法院去強制賣方履行合約，把房子賣給買方。

　　　還有一種處理方法是，如果賣方不履約，買方可以去別處購買符合合約要求的房屋，其高出的差價部份，買方可以要求賣方給予補償。如合約中三房二浴、2,500平方呎的房屋價格為$200,000，由於簽約後賣方不賣，買方在別處花$300,000購買了同等規模的房屋，其高出合約價格的$100,000萬元，買方可以要求由賣方承擔，以示補償。

　　二、買方違約。如果買方違約，法律上允許賣方沒收買方所交的定金。賣方可以繼續將房子賣給另外的買主，其賣價低於合約價格的部份，賣方可以要求買方給予補償。如合約價格為$300,000，簽

約後由於買方不買，實際上賣方只賣了$200,
000，少賣的$100,000，賣方可以要求違約的買方
支付，以示補償。當然，賣方也要求法院去強迫
買方履行合約。

擁有房屋的產權後，表明房屋的擁有者可以使用、管理和
處理房屋，並且這些是房屋擁有者自身的權利。但是在獲取房
屋產權之前，要確定自己新購買的房屋在產權上沒有「法律障
礙」。

所謂房屋產權的「法律障礙」，是指房屋被狀告、有房屋
建造商的留置權(Mechanic's Lien)、國稅局狀告原來的賣主
欠稅的留置權、原來賣主的後裔為了爭遺產偽造文書及其他人
使用欺詐的手段而使產權的漏洞百出等情況。房屋產權中存在
的這些問題，將嚴重影響現有屋主自己使用的權利。

要確保房屋產權無法律障礙，買家在購屋之前最好要對產
權進行調查，英文是「Title Search」。只要支付幾百元的費
用，產權公司、公證機構和貸款公司，都可以做「Title
Search」。通過調查可以知道，所要購買的房屋產權是否存在
「法律障礙」。

在簽訂合約時一定要寫清楚，房屋的產權不能存在「法律
障礙」，如果發現有「法律障礙」，買主可以以此理由取消合
約，或者修改合約的履約條件，直到消除產權的「法律障礙」
後才能執行合約。

如果確認產權的「法律障礙」純粹是失誤所造成的，可以

通過產權公司調出當時的記錄進行修改。如果存在的問題比較複雜，應該與產權公司或律師商量，看看解決這些問題所需要的費用和時間的情況，然後再做決定是否繼續履行合約。

40. 辦理房屋過戶注意事項？

根據買賣雙方簽訂的買賣房屋合約，買方付款給賣家、賣家把房屋的產權更名為買家，這個過程稱為房屋過戶（Settlement，或Close Escrow）。房屋過戶可以通過房屋產權過戶公司(Escrow，或稱公證行)來完成。

房屋過戶涉及到的文件有兩大類，第一類是交付房屋的產權文件，第二類是賣方向買方公開涉及到房屋的相關資料。

過戶的操作過程是，買方將購房款存到產權過戶公司指定的信託帳戶，賣方也將自己房屋的產權文件放入產權過戶公司，產權過戶公司對買賣雙方所存入的資料文件進行驗證及處理後，進行買賣雙方文件的交換，這樣也就完成了房屋買賣的過戶。在房屋過戶的過程中，買方應注意如下問題：

一、買方在簽署各項文件之前，應該聘請律師對所有的文件進行審核，查看文件是否妥當。

二、買方應該知道，產權過戶公司必須給出一個過戶費用的估價。根據聯邦的「房地產過戶程序法案
— RESP(Real Estate Settlement Procedure)」，在過戶前應給消費者合理的費用

估價。

三、在各項文件簽署之前,買方有權要求進行最後的
房屋檢查,如果發現有問題要馬上解決,否則,
一旦簽字後就失去對賣方負責房屋的約束。

在房屋過戶的過程中所涉及到費用有貸款利息、房地產
稅、保險、地方政府徵稅、產權費、財產轉移登記稅及律師費
用等。買方在購買房屋及進行產權登記時,一定要瞭解各項費
用的情況,作好預算,準備足夠的資金支付可能發生的費用。

就這樣,一無所有的消費者就正式成為房屋的擁有者。

在此過程中,出售房屋的賣主還可以享受到出售房屋賺到
利潤的優惠。房地產近年的價格上漲非常快,屋主在出售後減
除以前的購買的價格及投資在房屋上面的裝修費用,所得到的
差額,就是資產增值額(Capital Gain),以往國稅局在這些
收入上抽取大筆稅金,因而,縱使以很好的價錢出售,但是也
賺不到太多的錢.

但是,自從1997年起,所有房屋出售者可以享受新的稅率
優惠。新稅法規定:如果你在出售房屋前已擁有並在此居住二
到五年,你在出售房屋所得到的資產增值額免稅額單身可達
$250,000,夫婦共同可享受$500,000的免稅優惠,並且每二年
就可以免一次。

41．房屋使用的法律問題？

　　美國人有句話說：「自己的家就是自己的城堡。」的確，購買到的房屋屬於自己的財產，搬進去居住後，理所當然可以和享用自己個人的其他財產一樣按著自己的意願去使用。

　　不過，儘管房屋是屬於個人的財產，由於房屋所具有的社區屬性，政府仍然對房屋的使用依有法律方面的限制。例如，所居住地市政府的「地目法案(Zoning Law)」，對市區用地進行使用用途的劃分，為市民安全及整體美觀，而規定哪個區為工業區？哪個區為住宅區？哪個區為商業區？聯邦政府或當地政府有權制訂出環保法例，規定在某一地區不能使用某些設備或設施，以免環境受到污染；鄰里之間也可能制訂出居住協定，尤其是共渡社區或是一個封閉警衛社區，有自己社區的一些規定，這些規定涉及到社區的公共安全、健康及控制成長，其目的是營造良好的居住環境，也保持社區房地產的價值。

　　上述的一些規定對房屋的使用有很大的限制，但是具有法律的約束力。在購買房子之前，一定要對所居住的城市及社區有關的法規進行瞭解。一旦購買了房屋，即使自己不同意，還得要服從當地所有的規定。不過如果自己對這些規定不認同，並非是對這些限制沒有辦法，有些城市規定，如果居民有特殊的需求，可以向市政府申請特許證，但是申請的過程往往需要市政府進行聽證，程序上比較麻煩。

　　如果居民違反市政府對房屋要求的某些規定而私自違章修建，例如當地市政府要求門窗一定是鋁製的，但是有些居民做

成了木製的。政府一旦發現這種情況，首先要求居民做更改，以達到市政府所要求的標準；第二，也能採取的行動是要求居民完全取消自己所做的，恢復原來的樣子。

經常發生問題的是對鄰里協定的執行。很多華裔移民認為鄰里之間的協定不是政府的規定，沒有法律效力，因此常常忽視其中的要求而與他人或社區產生矛盾。要知道，很多居民住宅區特別是共渡住宅區，都設有鄰里委員會，鄰里委員會所做出的規定在法律上是被認可的，是合法的，也是必須遵守的。例如要求房子刷成黃色，居民都要按這個要求去做而不能刷別的顏色；再如，如果某戶居民自家的樹高超過社區要求的高度而自己不自行處理，鄰里委員會將派人把高出的部份鋸掉，這家的居民不僅要服從，還要承擔鋸樹的費用。因而，要維持自己的利益，民眾應積極參與鄰里委員會的活動，否則自己的權利就會被忽略．

42．如何合法保護自己的房屋？

在美國可以經常看到，很多房屋前掛出或插有「嚴禁私闖民宅(No Trespassing)」的招牌。實際上，即使不掛出這樣的招牌，美國的法律也不允許任何人隨意闖入屬於別人的財產。如果發現有不速之客闖入屬於你財產的「領地」，你可以發出警告，要求他們馬上離開。你甚至可動手推他們推離開你的財產，但是不能傷害他們。最好的方法是報警，讓警察驅逐他

們。如果他們仍堅持不走，你可以實施「公民逮捕權（Citizen Arrest）」，要求警察逮捕他們。

如果事發時警察不在場，他們沒有充分的證據來逮捕侵犯者，在此情況下，如果民眾覺得自己的人身安全或財產受到威脅，公民可以行使公民逮捕權，要求警察代表自己將對方逮捕。警察可以將對方逮捕，甚至起訴對方。但是，如果將來被逮捕者將來告逮捕行動不合法時，要求公民逮捕的民眾必須自己承擔起所有的責任。此外，如果警察沒有足夠的理由來相信屋主，警察也有權拒絕替屋主特使公民逮捕權，假如雙方都要求警察行使公民逮捕權，警察有甚至會將雙方一起逮捕回警局。

一般來說，美國允許民眾擁有槍支。美國西部的牛仔片中或其他的影片中經常可以看到這樣的場面，如果陌生人闖入民宅，屋主會拿出槍來，進行警告甚至射擊。按照法律，是可以用槍來進行警告，但是不能使用槍來做保護；除非在自己或家人受到立刻的生命安全威脅時，才可以用武器為自己或家人進行自衛。即便是有人進入房間偷東西，法律也不允許用致命武器傷害這個竊賊，如果使用武器不當而導致竊賊死亡，反而可能會被指控為謀殺罪。除了槍支外，棒球棍、武士刀及其他利器都可能被認為是致命武器，屋主在保護自己財產時，使用這些物品時要做謹慎的選擇。

如果屋主喜愛收集手槍或武器，應將這些武器鎖在安全箱內，而不能讓小孩子拿到。南加州曾發生多宗華裔家庭的家長收集手槍，小孩子和同學偷偷地拿手槍來玩，結果不慎傷人，

家人及小孩都被一起起訴，如果家有小孩子，擁有槍枝武器就要格外小心。

如果對如何合法地保護自己財產不清楚，可以去當地警察局諮詢，向執法人員請教當地有哪些保護個人財產最好的方法或及措施。

43. 如何購買房屋保險？

房屋保險具有兩方面的功能，第一是保護自己及財產，保護自己免受他人的傷害；第二是在自己或家人傷害到他人或他人財產時，來保護自己的利益和財產。房屋保險分為兩大項：

第一項是房屋財產保險。例如，發生意外房屋受到毀壞、房屋內的物品受損、受損後的房屋需要資金清理或重建，以及在房屋受損期間不能居住等情況時，屋主的房屋保險可以賠償這些損失，讓受保人安渡難關。但是也有一些情況並不被包含在房屋保險中，如貓狗一類的寵物丟失、車輛受到損害、利用家庭做辦公室家時辦公設備受到損害等。購買財產房屋保險應該注意的問題是，應該購買「更換費用保單(Replacement Cost)」。很多公司的財產保險是根據被保物品的價值(Value)來計算的，以當事損失時的價值來說，這對屋主來說是不合算的。

第二項是房屋責任保險。上一項的房屋財產保險是賠償自己的損失，房屋責任保險是替屋主賠償他人的損失。因為屋主

的大意、疏忽等原因導致他人受到損失；或屋主的孩子由於過失損害了他人的財物及對他人造成傷害而牽涉到屋主及家人的責任，在這些情況下，保險公司將會替屋主向受損方作出賠償。保險將會向對方支付醫療等經濟方面的損失。如果屋主因此而被告，保險公司還會替屋主聘請律師，支付所有的律師費用。

在房屋責任險中，通常都會包括醫療方面的費用。例如，屋主在家開派對，有客人不慎跌倒受傷，房屋責任險中有關醫療的部份可以按傷者的醫療單據支付費用。一旦發生涉及到房屋責任險的問題，保險公司首先要弄清的是該事故的責任是否應由屋主來承擔，因此屋主在發生問題後要立刻通知保險公司。在轟動一時的辛普森涉嫌殺妻一案中，在民事訴訟案中，死者家屬委託律師狀告辛普森「謀弒」及「過失殺人」，雖然保險公司不能替客人處理犯罪的行為，即不能替辛普森的謀弒罪辯護，但是原告的過失弒人罪是屬於保險公司的受保範圍，因而保險公司必須為辛普森支付律師辯護的費用及以後涉及到的賠償。由此可見房屋責任保險在發生意外發生問題時，對屋主保護的範圍是很廣泛的。

有一種額外保險，英文稱「Umbrella(雨傘)」。這個額外險也是房屋責任險的一部份。如果屋主因誹謗而引起他人的精神痛苦、行使自己的公民逮捕權不當而導致被別人指控「逮捕不當(False Arrest)」、闖入他人私有財產處導致他人發生財物損失及不當起訴他人而引發官司等，可以運用「Umbrella」這個保險條款來保護自己的利益。在購買房屋責任險中附加這

個條款，保費每年可能增加幾百元，但是保險額可以增加到一百萬元以上，因此是可以考慮購買的。

44. 房屋維修的注意事項？

　　一般的地方政府都有規定，居民如要對自己所住房屋的維修或加建，需要申請許可後才能實施。如果維修或加建的工程很大，還需要向市政府的規劃委員會提出申請，讓市政府知道維修或加建的項目符合市政府的標準。一般的營建商都會負責這些許可的申請。如果沒有獲得營建執照進行修建，就屬於違規建築，將會被取締。維修或加建應該請有執照的營建商，營建商必須經過考試、受過專業訓練及具有一定的能力才能取得執照。有些州還規定，領取營建執照需要購買一定數量的保證金(Bond)或保險(Insurance)。

　　保證金是政府為保障消費者的利益而要求營建商交納的。如果出現營建商收費後不施工、沒有完工、修建成本遠遠超出合約所規定的金額、施工結束後沒有徹底清理現場、施工期間損壞了消費者的財產及消費者提出警告但是營建商並沒有採取措施等情況下，屋主可以要求營建商的保證公司補償這些方面的損失。

　　營建商的保險有兩大類。第一類是責任保險。如出現施工過程中不小心傷及路人，營建商的責任險可以賠償傷者的損失。第二是勞工賠償險。在施工過程中萬一出現工人受傷的情

況，可以由勞工賠償保險來支付費用。

　　如果營建商沒有保證金或保險，對屋主來說是非常危險的，一旦出現意外，屋主自己可能都要替以上這些狀況負責任。

　　法律規定，任何營建項目只要涉及的金額數量超過五百元，必須有書面合約。在簽訂書面合約時須要注意下列事項：

一、確定具體施工項目內容；明確開工和完工的時間；明確付款的日期及方式；明確得到施工質量的保證及質量保證期限等。在合約的條款方面，必須要「先小人，後君子」，要講清楚說明白再開工。

二、常見的糾紛是由「Mechanic's Lien」即分包商抵押(也稱分包商留置權)所引起。如果總承包商沒有付給分包商工程款，分包商可以在提供服務的房屋上放置留置權，將來房屋出售時，留置權就成為出售房屋的「法律障礙」，屋主必須與分包商妥協來解除留置權問題，或者在出售後，屋主得到的購買資金中需扣除留置權的資金給分包商。因而，屋主可能因此而會付二次修建費用。在屋主向總承包商付款時，應該讓總承包商提出已經向其他分包商付款的證據，並且直接或透過總承包商在付款給分包商時簽署放棄放置留置權的權利，這樣可以避免以後的責任。

三、屋主可以採用最好的保護自己的做法是，在合約

上寫清楚最後一批工程款可以是在屋主自己檢查完所有的工程後付清，這樣做可以對屋主起到保護的作用。

四、施工質量的保證。如果施工的質量保證期爲一年以上，應該要求營建商提供書面保證，寫明暖氣系統、冷氣系統等都要得到質量的保證。

五、爲了防止營建商拿到工程款後突然宣佈破產，在簽訂合約之前要瞭解營建商的背景。有很多的跡象可以顯示一個營建商的信譽不好、經濟狀況不好等問題。一般營建商收取工程費用的方式是，簽約後收取三分之一、工程進行到一半時收取三分之一、工程完工時收取最後的三分之一。如果營建商開始就要求屋主一次付清工程的全部款項或要求付一半以上的款項，屋主應該知道這個營建商的財務狀況不佳。如果聘請一個經濟狀況不好的營建商，一旦營建商宣佈破產，不單工程不能完工，而且要拿回已交的工程款也將非常困難。

45．屋主常見問題的應變之策？

擁有房屋，屋主同時也擁有很大的責任。新移民成爲屋主後，可能會遇到下列這些問題，了解法例，解決起來就方便多

了：

一、游泳池。實際上修建游泳池是一項「高風險」的投資。所謂「高風險」是指市政府對修建游泳池有很多的規定，在法律上則稱游泳池是具有吸引性的「公害」，因爲游泳池可以吸引附近居民孩子們去戲水，而在無嚴加看管的情況下，會發生溺水傷亡的事件。所以有游泳池的屋主一定要買足夠的保險，以防在不測事件發生時有保險公司賠償。此外還要採取一些防範的措施，如購買能把游泳池罩起來的蓋子、在四周設置圍墙禁止小孩子隨便進出，儘量把風險降低。

二、有關樹的問題。如果鄰居的樹經常向你的房產內落下大量的樹葉，或大樹有向你的房屋倒下的問題時，你應該如何處理？

根據法律，生長在鄰居產權範圍內的樹，鄰居有責任進行修理。如果鄰家樹的樹葉落到了你家的一邊或樹枝越過了你家的墙院，可以認爲你的財產受到了侵犯，在法律上你有權保護自己。有一個好的鄰居非常重要。可以與鄰居進行商談，讓鄰居對樹進行處理。如果與鄰居商談不通，你有權將「越界」部份的樹枝砍下，但不能對整棵樹構成傷害。如果還是沒有解決問題，可以去法院要求法官命令鄰居採取措施解決樹的問題。如果由於沒有採取措施導致樹倒在了你家的院內對

你造成了財產損失，你可以去法院告鄰居，要求賠償。

三、如果鄰居不維護好自己的房產，導致房屋年久失修，周遭環境很差，雜草叢生，老鼠亂竄時，該怎麼辦？你可以向衛生健康部門、市規執行部門及市政管理部門進行投訴，要求他們把鄰居財產當成公害來處理．因為市政府對城市房屋的容貌是有一定要求及標準，市政府接獲通知後，會去信或派人提醒鄰居要維持好自己的財產，如果鄰居在市政府管理部門警告後仍不採取措施，市政府可能採取兩種措施，一是派人去維修整理，然後要求鄰居屋主支付這些方面的費用，二是交由檢察官，起訴鄰居違反市規

四、寵物問題。如果狗咬了人，主人將負很大的責任。前不久加州有一起因狗咬死人而主人被定謀殺罪的案例。發生狗咬了人，主人不僅要承擔刑事責任，也要承擔民事責任。

如果養狗，首先要有執照；要定期給狗注射疫苗，防止因狗有狂犬病咬人後造成意外死亡。很多州有這樣的法律規定，只要狗咬了人，狗主人及保險公司就要負起責任。雖然有的州並沒有對狗咬了人作出明確的判罰規定，但是可以援引「One Free Bite」這樣的法規，即第一次發生狗咬人的情況可以不予追究，因為可能狗的主人不

知道狗會咬人。但是如果發生第二次狗咬人的情況，狗主人一定要承擔責任，這是因為已經發生了第一次咬人的情況，又發生第二次說明狗的主人沒有採取措施，是過失或疏忽，因此一定有責任。

以前發生的狗咬人的案件都是在房屋保險的範疇之內處理，但是自從發生了狗主人被判謀殺罪的案子後，保險公司都不願意把狗咬人這個條款包括進去，所以購屋者在購買房屋保險時要向經紀人問清楚。如果養狗，一定要在保險中把狗咬人的責任包括在內。

如果鄰居的狗晝夜都在亂叫，該怎麼辦？屋主開始打電話報警，有時警察會馬上採取措施，有時警察會建議屋主抽空到市政府反映，市政府可能會向狗的主人發出警告，如果狗的主人不採取行動，市政府有權要求動物管理機構的人員將狗沒收然後毀滅。

46．房東的法律責任？

我們華人都喜愛投資房地產，尤其是公寓方面的投資。一來房地產可以保值，二來可以利用租金來作為自己的生活收入。但是在美國作房東並不容易，有諸多的責任。

一、房東要保證所出租的房屋是安全的、沒有任何有害的物品。雖然法律上沒有明文規定出租的住處必須可供人居住,但是所有的法院判例都要求出租的地方必須可供人生活。房東出租的房屋必須符合當地市政府的居住、建築、健康和安全等方面的標準。例如,所出租的房屋必須有暖氣、水、燈、可以上鎖的門。如果沒有提供這些條件而發生意外,房東可能會承擔責任。

二、房東雖然有權利拒絕將房屋出租給任何人,但是不能因為租戶的性別、種族、膚色、宗教、殘障、婚姻和國籍等原因而區別對待。華文媒體刊登的租房廣告中經常有只限女性等條件,這是不當的廣告,許多房東因此而被告歧視,反而導致自己官司纏身,這是房東登廣告時應該注意的事項之一。

三、簽合約時房東要注意如下問題,便於以後避免承擔一些責任:

　　1.合約中要著明出租房屋的地址。

　　2.租房人的姓名,特別要著明是誰居住;有其他人居住時,租房人必須通知房東。

　　3.租金數額。

　　4.租用的期限。

　　5.租房定金的數額,在什麼情況下退還定金,定金如何使用。

6. 是否允許住客擁有寵物。

7. 出租之前的房屋檢查。

8. 能否將租約轉給他人。

9. 能否分租他人。

　　爲了避免以後產生糾紛，還應該在合約中加進在什麼情況下屋主有權進入房客的房間。根據法律規定，只要屋東提前24小時至48小時發出通知，房東可以進入房客的房間進行必要的維修。

四、房東爲了保護自己的財產，在出租之前應該對房屋內的物品做清單檢查，即所謂的「Checklist」，甚至可以拍一些照片留底，將來在房客退租時進行比照，看看是否有受損之處；如果受損，也可以作爲證據讓房客賠償。

五、驅逐房客。如果房客不付房租，已經構成違約，房東可以要求房客離開。如果房東發現租客利用所租的房屋做違法的事情，如從事色情、販毒等犯罪活動或在公寓做生意等，也可以中止合約而將客戶趕走，但是必須向當地法院申請驅逐房客的法令後才能進行。

47．租金及保證金常識？

　　美國法律沒有對租房的租金範圍有明確的規定。一般而

言，租房的租金根據租房市場的情況而定，也就是所謂的「隨行就市」，房東和房客雙方各自商討而定。不過為了保護房客的權益，加州、哥倫比亞特區、新澤西州、馬里蘭州和紐約州的其中一些城市，制訂出一些房屋租金限制法規(Rent Control Ordinance)。像南加州的聖塔莫尼卡市、北加州的奧克蘭等城市，這些地方法規會禁止房東無故驅逐房客，或限制租金每年的漲幅。在購置公寓前，房東應向當地的市政府瞭解是否有這類法規。在租房時，房客應該去當地市政府瞭解是否有這類法規，知道自己有哪些權益。

除上述注意事項外，房東及房客在租金方面還應注意如下的問題：

第一、租金交納時間。大部份房東都希望房客每個月的第一天就要交納房租，但是法律上並沒有強制性的規定。何時交房租是由房東和房客雙方自行商定。

第二、遲付租金。房客要注意，支付房租並沒有像支付信用卡費用的所謂「緩衝期」，遲交房租是一種違約行為。如果房客遲交房租，房東可以酌情收取「滯期費」，或可以中止與房客的租房合約。

第三、租金調漲。如果房東與房客無合約，或按月的合約，房東如要想漲價，一般情況下要提前三十天通知房客即可；但是如果房客簽署長期性租用合約，房東不得在租金期限內漲價，除非合約上

允許中途調價。

在出租糾紛中，保證金是最常見的問題。法律上允許房東收取租房者的保證金，一來保證租客如期付租金，二來保障自己房屋的設施在房客使用過程中免受毀損，並避免房客惡意破壞房屋設施。美國有一半的州對於保證金的金額有法律方面的規定，一般規定數額不得超過月租金的數額或月租金的一倍。有些州還規定，房客所交的租房定金必須存放在指定的帳戶，也有些州要求房東向房客支付保證金的利息。因此，在租房前，房客應該瞭解當地政府規定以及向房東查詢保證金的退還做法。

在保證金退還方面，大部份的州都有法律規定，要求房東在房客搬出的十四天到三十天之內，在扣除合理的費用後將剩餘的保證金退還給房客。

房東有權從房客的保證金中扣除相關的修理費用，但是必須向房客提供維修清單及出俱付款收據。房東的維修不能包括日常損耗的項目，如房客居住很長時間，地毯開始變舊，房東如要更換地毯，不應將此費用也算在原來房客的身上。

有關房客的權益及應注意的問題，消費者可在www.tenant.net網站上查詢。

48. 誰來負責租屋的維修？

　　房東的英文是「Landlord」不過由於很多房東在維修自己出租的房屋方面表現的很吝嗇，為了節省費用，對自己出租的房屋不進行必要的維修，導致房屋破爛不堪，因此逐漸的衍生出了一個新的英文單詞「Slumlord」，中文可以翻譯為「爛房東」或「惡劣房東」。

　　如果所出租的房屋沒有基本的生活設施，如水道水管堵塞、沒有水電、沒有排煙道及衛生狀況極差，這樣的房東就是「Slumlord」。如果房客的房東是「Slumlord」，房客可以以「違反衛生標準」等理由向當地的市政府投訴，市政府的衛生部門檢查後會要求房東修理，如果房東不按照指示進行修理，市政府可以提出刑事起訴，不少吝嗇的房東因此而坐牢。

　　如果房東是「爛房東」，房客有權採取如下的處理措施：

第一、少交房租；

第二、拒付房租，直到要修理的問題解決為止；

第三、可以自己找人進行維修，然後從應繳的租金扣除維修費用；

第四、打電話給政府的衛生部門，要求對房屋的情況進行檢查；

第五、可以終止租房合約搬走。

　　房東要注意，如果房客在對所租房屋存在的問題屢次提出維修要求，而房東並不理會，萬一房客或其客人因此而發生意

外或受傷，房東需承擔責任並給予賠償。例如因樓梯扶手年久失修，房客多次要求房東修理，而房東對此不予理會或一拖再拖，導致房客摔傷，房東將要承擔責任。

為了避免成為「爛房東」，房東也應該注意以下幾個方面的問題：

第一、在與房客簽訂租房合約時，應該明確房屋維修的責任，分清楚那些項目是由房東負責維修，那些項目是由房客自行維修。

第二、在房客搬入之前做好出租房屋的檢查，並列出檢查後的清單作為合約的附件。

第三、要求房客在發現房屋有問題時，應及時向房東報告。

第四、對房客提出的房屋問題以及自己採取的維修行動，做好詳細的記錄。

第五、如果發現房屋有問題，要馬上進行處理。為了做到及時處理，房東應該有自己的維修人員聯繫網絡，能安排維修人員在緊急情況下儘快抵達處理。例如出現水管破裂的問題，一定要在二十四小時以內派人解決；一些非緊急性的問題，如門窗玻璃損壞的問題，最遲不能超過四十八小時進行處理。

第六、每年對所出租的房屋做至少二次或以上的安全檢查，主動進行維護或維修。

做房東的責任很大，維修房屋的錢該花的不一定能省。一昧的省錢，只能導致房屋存在的問題越來越嚴重，到頭來不僅是要花費更多的錢，而且可能引致更嚴重的民事或刑事責任。

49. 房客的法律權利？

剛到美國時，要獨立生活，但是需要一定的經濟基礎，因而往往只能先租房子。在美國作房客，一來省錢，二來省事，不過，還是會遇到許多問題。

一、房客在簽約之前必須瞭解全部的合約內容，知道自己的權益。

二、為了保護自己的利益，防止房東無理的扣押定金等，在搬進房屋之前做仔細的檢查，並做一個清單，記錄哪些東西已經損壞？哪些東西沒有損壞？

三、如果發現房屋有需要修理之處，有權向房東提出來，因為房客所付的房租中包括了有權可以得到一個合適居住的環境。發現有修理的需要，則儘快向房東提出，把需要修理的事項用書面形式通知房東，最好記錄下通知房東的情況。如果房東收到通知沒有採取任何措施修理，有些州允許房客不交房租或減免房租，有些州允許租客先找人修理，以後從租金中扣除修理費用。

四、如果房東沒有在合理的時間內進行修理，房客以此爲理由可以解除租房合約。當然，房客也可以將房東告到法院。

五、如果房客要提前解除合約搬到其他地方去，要注意：

　　1. 要看租房合約是否允許轉讓。如果允許轉讓，房客可以找到另外一個人，經過房東同意，這樣就可以不用承擔任何責任而由新房客承擔合約上的責任。

　　2. 要看合約中有無允許分租的條款。如果有，可以將房子分租給別人，但是不利之處是，如果所分租的人不付房租，房客仍然必須對房東承擔這個責任，將來房東仍可以向簽約的房客要錢。

　　3. 在房客眞的沒有辦法必須要走而違約的情況下，房東可以要求房客支付合約期限中剩下時間的租金，如合約爲一年，但是房客只住了兩個月而違約搬走，房東可以讓房客支付其餘十個月的租金。不過法律規定，在這種情況下，房東和房客必須共同努力去找到另一個房客，去彌補這個損失。但是法院還是會要求房客向房東支付在沒有找到新房客之前空屋期間的租金。

六、房客被驅逐時，房東一定要給房客一個通知。如

果房客不採取任何措施的情況下，房東才可以有
理由向法院申請驅逐令。房客在收到驅逐令後，
可以決定搬走還是和房東打官司。如果搬走，事
情到此為止。如果打官司輸掉，不僅要支付所欠
的房租，還要支付對方的律師費用，房客自身的
信譽也會受到影響。

第五章　青少年與法律

50. 為人父母的責任及權利？

　　對於父母來說，子女純粹是責任而已，信佛的朋友笑稱是自己上輩子欠他們的。的確，為人父母有很多的責任，在美國這個保護青少年的法律體制下，法律上強制地規定為人父母的職責。

　　一般而言，父母的責任分為兩大類，一是養育責任，另一是管教責任。父母兩方，或繼父母雙方都有這些責任。

　　養育責任是指父母必須向未成人子女提供生存的必需品。除食物、衣服、住屋外，還必須承擔起他們的醫療、教育及必要的法律援助。不管父母與子女的關係是來自正常的婚姻或者是沒有婚姻的關係，父母都要承擔此責任。

　　至於具體的養育費及養育程度，法律並沒有明文規定。如果在婚姻案件中，法官可能會根據父母的經濟狀況及小孩的需要而規定出每月的撫育費。

　　如果子女滿十八歲，或十九歲，但仍在高中上全天的課，父母仍要履行撫養權。假如父母向子女所提供的撫養未達到最低生活必需的標準，父母很可能被指控虐待小孩，或忽略小孩，而被政府提出公訴，政府的兒童保護局也可以以此來將小孩從父母手中帶走，交給政府部門指定的家庭撫養。

第二類責任是管教責任。父母必須採取適當的措施來監督及管制他們的子女。假如父母縱恿或放任子女犯法，父母將會觸犯刑法。如果父母知道子女有不當行為的趨向而不理會，父母必須為這些不當行為的後果承擔責任。此外，法律還規定某些行為非常危險，父母必須管教子女，否則父母要為自己的失職負責。例如：

如果小孩使用槍械傷人，父母必須向受害人賠償；

如果小孩故意傷人，父母必須向受害者支付醫藥費、住院費等；

如果小孩毀壞他人財產，父母必須向受害者支付子女無力賠償的部份；

如果小孩逃課，家長每次最高可能被罰一百元；

如果小孩在商店偷東西，或從圖書館偷書，父母每次最高可被罰一千元；

如果小孩違反宵禁規定，父母可被罰交通運載費用等。

不過，父母也有一定的權利。這四大權利包括：

一、父母對子女有監管權。父母可以替子女作出重要的決定，如子女住在何處？他們和誰住在一起？他們每天的生活方式應該如何？他們去哪一所學校？他們應接受哪一項醫藥治療？小孩應該信哪一類宗教等。

二、父母有權要求子女合作及服從。當然，說起來容易做起難。父母可以採取適當的措施來管教子

女，但這些措施不能過度傷害到小孩的身心，父母也不能因為子女不聽話而置之不理。假如子女不服從父母合理的管教要求，可離家出走，或拒絕上學，或父母根本無法控制，父母可以到法院，要求將子女的管教權移交給法院，由法院安排管教的機構。

三、父母有權接收子女的收入。一般來說父母都會讓子女保留他們的收入，但是法律上規定父母有權接收子女的收入。但在下列情況下，父母無權索取子女的收入：父母虐待或疏忽子女；子女收入是因其獨特的技能(如體育及文藝表演)或個人身體傷害賠償而獲得；子女的收入是他人贈送的禮物或繼承的財產。

四、父母有權代表子女提出索賠。如果子女不幸受傷或死亡，父母有權向他人索取賠償，以補償其損失。

可見，父母跟子女說：「吃我的，住我的，就得聽我的。」是有一定法律根據的。

教育在美國佔有非常重要的地位，美國社會對民眾的教育是非常重視的。所有的州政府都有責任向五歲至十六歲的孩子提供強制性的教育。

在美國，小孩選擇學校的權利是由父母來決定。從小學到高中，有三種類別的學校，第一類是公立學校。公立學校是政

府用納稅人的錢興建的學校。每個城市的公立學校由學區委員會來管理，這些委員大都是透過選民投票選出來的。第二類是私立學校。私立學校大部份是由宗教團體興辦的，父母有權利把孩子送到私立學校學習。第三類是家裡自行教育，在家裡由父母對孩子進行教育，家長必須向居住地的學區申請，並在得到學區的同意後才能進行。每個學期必須把孩子的成績單交到學區。到私立學校去上課及在家裡自行教育，要自己承擔費用。

任何學區都有責任向適齡的孩子提供從小學到高中的基礎教育。如果學生因為打架或其他原因將受到開除的懲罰，學校必須給學生和家長一個聽證的機會。如果聽證的結果還是開除，學校有責任幫助學生尋找另外的輔導課程，使學生能夠繼續上課，接受教育學習。

51．青少年及成人的權利？

從台灣來美的馬太太，六年前帶著一個八歲、一個十歲的男孩移民到洛杉磯，在華人密集的阿凱迪亞市購買了房屋，主要是聽說該區的學區很好。馬先生在台灣經營一家電子公司，長年居台，每年都會抽空來洛兩三次，但是居住的時間不長。

兩名小孩在小學、初中都表現良好，但是到了高中後，大的小孩開始和另外一群父母都不在美的「小留學生」往來，剛開始時逃課，後來學校發出警告，他依然我行我素，有一次和

人打架，結果學校將他踢出高中。這位十六歲的兒子在被開除後，整天和其他被開除的學生在一起。

馬太太要教訓他，好言好語都聽不進去，只好態度很硬，聲稱：「你吃我的，住我的，就得聽我的。」兒子聽完後，高聲反駁道：「我現在已滿十六歲了，可以拿駕照，已不再是小孩了，用不著你來管！」

美國的法律非常保護青少年，法律上一般都假定未成年人仍未具獨立思考及獨立生存能力，因而，對未成人採取相當大的約束。一旦小孩成為成年人後，他們就會擁有很多的權利，父母的約束力也相當減少。究竟什麼年齡才算是成年人（Adult），什麼年齡才算是未成人（Minor）？

美國以往一直將成年人的年齡規定在二十一歲，後來美國第二十六項修正案開始實施，將參加聯邦選舉投票的年齡降到十八歲，除少數州外，大部份的州都陸續將未成人的年齡定在十八歲，加州就是其中的一個州。

雖然基本上成年人的年齡標準是十八歲，但是，各個州對青少年的某些行動或活動也對成年人的年齡有提前或延後的規定，例如，在加州，青少年在申請駕駛執照時滿十六歲就可以當成成年人，而在購買酒類產品時，青少年年滿二十一歲才能當成成年人。

根據美國的法律，一旦青少年成為成人，他們就會獲到下列這些權利：

一、可以簽署有效的合約。

二、可以以自己名義出售或購買房地房產及股票。

三、不需要父母、監護人、或法官的同意就可以結婚。

四、可以自己的名義提出民事訴訟，自己也可以成為民事訴訟的被告(除人體傷害案件外)。

五、可以自己決定和解或仲裁理賠案件。

六、可以制訂或取消遺囑。

七、可以直接繼承財產。

八、可以在州政府及地方政府的選舉中投票。

九、可以自己決定同意接受醫療治療。

十、可以不需要父母的同意就參加軍隊。

52. 處理青少年問題的法庭有那些？

涉及青少年的案件可分為兩類。第一類是有關青少年的監護權問題，一般是由兒童法庭來處理，第二類是有關處理青少年犯罪問題的青少年法庭。

一、兒童法庭(Children's Court)

如果發生虐待少年兒童的案件，警察會通知兒童福利管理部門，由這個部門把孩子從父母身邊接走，安排到一個寄養家庭臨時看管，然後交由兒童福利管理部門進行調查。如果這些社會工作人員發現父母沒有不當行為，案件就到此為止，將小孩交回父母。

　　如果調查結果發現父母有過虐待孩子的行為，或者小孩有受傷的情況等，調查人員將此案交給兒童法庭。兒童法庭對監護權(Dependency)進行處理，由法官決定孩子由誰來看管。由於這類案件涉及到父母的權益，如果父母無力聘請律師，法官必須指派律師，如果父母不懂英語，法官也必須提供免費的翻譯。

　　法官經常是判罰孩子的父母去上課，學習如何管教自己的孩子，接受專業的社會輔導。如果父母通過學習後有明顯的改善，法官將把孩子送回父母的身邊。

二、青少年法庭(Juvenile Court)

　　如果十八歲以下的青少年犯錯如在校園打架，商店偷盜等事情被警察逮捕，一般情況下都無法保釋。警察有兩種辦法進行處理。

1.　向青少年開出開庭通知的罰單，同時通知家長把孩子帶回去，並給家長一個出庭通知。

2.　如果情節非常嚴重，孩子將被關押在青少年拘留所。青少年拘留所與監獄的性質一樣，孩子被關在裡面等待法庭的審判。在孩子被扣留期間，不能像成人被保釋出來。一般在被扣押四十八小時之內去見法官。

　　出庭見法官時有如下的權利，如果家長不懂英文，有權利要求請翻譯；如果沒有經濟能力請律師，有權利要求法庭派公

共辯護律師。

　　根據青少年犯罪的情節嚴重，且有前科記錄，並且他們已經滿十五歲，檢察官有權把孩子移交到成人法庭審理。如果繼續留在青少年法庭，法官將根據是否有前科及家庭背景如何，考慮是否給孩子一個改過自新的機會。一般情況下，如果無犯罪前科，法官會給孩子一個改過自新的機會，如作義工等。如果確實表現很好，法官會將案子撤消或將記錄封住。如果滿十八歲，青少年的逮捕記錄也會自動封存。

　　在移民法中，青少年在十八歲以前犯的錯誤，如果是在青少年法庭審理的話，是不算犯罪記錄的；但是一旦是按成人審理的，將會有記錄，並且記錄將會影響到以後的移民。

　　法官可以對青少年作出下述懲罰：首先，最嚴重的懲罰，是關押到州政府的青少年監管所，一般刑罰是一年以上；其次是送到青少年集中營，一般刑罰在一年以下；再者，是罰做義工。另外，法官還會將青少年交由假釋官(Probation Officer)監管，青少年要每個月去報導，假釋官可以隨時到家裡檢查。

　　整體而言，美國的司法系統對青少年的犯罪還是著重於給改過自新的機會，但是家長不能因此而放鬆對自己子女的管教。

53．如何預防自己的小孩成爲幫派份子？

　　華裔社區的青少年犯罪問題不容忽視。從上一個世紀70年代開始至80年代，來自台灣的小留學生陸續進入美國。在80年代，台灣的留學生開始出現包括吸毒和幫派在內一系列的問題，形成華裔青少年犯罪的第一個高峰。到了90年代，大陸的小留學生也開始進入美國。由於這些小留學生或是自己在美國或是單親在美國而疏於管理，因此也出現了包括幫派在內的很多問題，形成了華裔青少年犯罪的第二個高峰。華裔青少年的犯罪主要有以下幾方面的原因：

一、父母不在家，無法與孩子溝通。孩子在學校被其他族裔的同學欺負時，沒有得到正確的輔導，孩子不知道用什麼樣的方法去處理。

二、同學之間結成團夥相互保護，久而久之形成幫派。

三、年少氣盛，有逞英雄的念頭。爲了顯示自己的能力，有錢的孩子請同學吃飯喝酒，結交了一幫酒肉朋友。

四、像「華青幫」、「青龍幫」這樣的幫派不斷在學校招募新的成員。南加州的阿凱迪亞市、蒙特利公園市、核桃市及羅蘭崗等地的華裔學生集中的高中，都有幫派分子在擴充自己的勢力，利用這些學生在學校進行販毒等非法活動。

學生一旦加入幫派組織，很可能去從事非法的犯罪活動，如打架、群毆、搶劫等。特別是青少年想加入幫派時，要顯示一下自己的實力，要被測試有沒有膽量、敢不敢開槍等。

進入幫派的學生有兩種情況。第一種是家境非常好，這些孩子花錢找人讓別的學生跟著他們跑。另外一種情況是孩子的父母在餐館、衣廠打工，收入不是很高，又不太懂英文，也無暇顧及子女的教育，如果有人花錢請這些孩子吃飯，出於義氣，這些孩子會為請他們吃飯人的做些事情。

對於幫派問題，華裔家長絕不能掉以輕心，有下述的情況需要注意：

一、很多州的法律規定，如果查明犯罪活動與幫派活動有關，將罪加一等，進行重判。

二、如果結伴犯下重罪，所有的共犯都將承擔該案中最重的罪名。例如發生在南加州來自台灣的留學生劉易辰被殺的命案，原來幾個學生計劃搶走劉姓學生的錢，沒想到其中一名主謀下毒手將劉姓學生用刀弒死，涉及此案的幾個學生都被以謀殺罪起訴。美國法律中有一項罪名是「重罪謀殺罪（Felon Murderer）」，幾個孩子共同犯罪，其中一個孩子犯了最重的罪，另外幾個孩子也要承擔這樣的罪名。

三、許多州立法允許檢察官將一些犯下情節嚴重的青少年當為成人起訴，加重青少年的懲罰。

四、孩子加入幫派容易，退出幫派非常困難。如果發

現孩子有幫派行為，要立刻尋求警察部門、社區
的非營利組織和社工等的幫助，採用搬家或其他
的方法阻止孩子繼續參與幫派活動。

54. 校園安全相關措施？

在學生面臨學校內的壓力及對學生缺少正確輔導的情況
下，在過去的幾年裡，美國的校園內不斷地發生暴力事件。在
華裔社區，很多新移民學生沒有辦法適應新的環境，或者覺得
老師或同學有歧視的行為，自己沒有得到公平的對待，在氣憤
的時候威脅老師或同學，或用電子郵件來恐嚇老師，以發洩心
中的不滿。

還有的學生購買一些槍械、刀具放在隨身帶的背包裡，一
方面是給自己壯膽，另一方面也可能是不小心帶到學校，而被
學校保安人員查獲。一般的民眾在被警察攔截時，警察在有合
理的懷疑的理由情況下，才可以對民眾或車輛進行搜查。但
是，學校的校長或其他人員並不需要太多的理由就可以對學生
的書包等隨身物品進行搜查，一旦發現有槍、刀甚至玩具槍，
都會被沒收。

一旦學校發現學生威脅老師或同學，或攜帶武器進入學校
這兩種違法犯罪行為，可以採取兩種措施：

一、要求違法的學生停課，並開聽證會給學生一個解
釋的機會，由學校的聽證委員會決定是否將學生

開除。學校的聽證委員會由學生代表、家長代表、老師代表及學校的主管組成。大部份情況下，只要校方提出開除學生的建議，都會在聽證會上獲得通過。

很少被開除的學生會被其他公立學校繼續接收，所居住的學區有責任替被開除的學生安排校。一般來說，學區只能將被開除的學生安排到「另類學校」。與其說是懲罰，倒不如說是獎賞，因為這種「另類學校」往往對上課沒有嚴格的要求，每周上課只有幾個小時左右。結束在「另類學校」的一年多的學習之後，表現良好，被開除的學生有可能回到原來的學校。如果真的出現了被開除的情況，應該進行諮詢，可以用變通的方法轉入私立學校，或去社區學院修課讀，或自學直接考取高中畢業文憑。

由於學校實行的政策是「零容忍」，因此學生的任何涉及到危害校園安全的行為，都會導致被校方開除的命運。

二、校方同時會打電話叫警察到校園，把違法的學生交給青少年法庭處理，由法官進行刑事方面的懲罰。

55．青少年毒品問題及預防措施？

很多人都認為華裔是一個模範的族裔，因此誤以為華裔的子女不可能沾染上毒品，而實際上吸毒在美國非常流行，特別是在大學的校園和中學的校園。亞裔及華裔青少年使用Ec-stasy已非新聞。例如，在2001年的下半年，洛杉磯就有至少兩名華裔青少年因使用搖頭丸而死亡，每年至少幾十名亞裔及華裔青少年因持有、使用或販賣而被捕。

根據全美藥物濫用警告網統計，在1994年，全美只有約253宗醫院急診事故是與服用Ecstasy有關；但到了2000年，卻已急升至4,511宗。七年之內，上升了18倍之多。搖頭丸的使用者，在年輕人當中也增加了許多倍。在12-17歲的年齡群中，1995年有267,000人表示曾使用Ecstasy；至1998年在同樣的調查中，有369,000人表示使用過；在18-25歲年齡群中，1995年有910,000人，而1998年增至1,400,000人表示曾使用過。

無論是來自單親，或雙親同在、是經濟不足，或經濟濟富裕的，都有人會濫用藥物。原因除了是好奇、愛刺激、被朋友影響、自制力不足、毒品泛濫充斥、對毒害認識不足…等之外，主要也在於年輕人與父母及家人的關係情況，並且他是否在生活上有其他更好的活動去得到自尊、自信、自豪。

目前在年青人中最流行的二類毒品：

1.　Club Drugs快樂丸、搖頭丸，新近最流行的RAVE舞會毒品，有好幾種不同的化學成分，主要是安非他命類之興奮劑。

a. MDMA(Ecstasy)狂喜、亞當、快樂丸、搖頭丸
   安非他命之衍生物Methylenedioxymetham-
   phetamine，是中樞神經興奮劑並具迷幻作
   用、加速心律、提高體溫，可使服用者連續跳
   舞數小時而不知累，有可能因而脫水、血壓增
   高，導致心臟麻痺。

b. Methamphetamine(Speed，Ice Crystal)甲基
   安非他命、碎冰容易由麻黃素合成，可口服、
   注射或鼻吸。中樞神經興奮劑，具有欣快、警
   覺及不餓之作用。成癮後血壓上升，精神錯
   亂，人消瘦，造成典型的安公子。

c. Gamma-hydroxybutyrate(GHB)水狂喜、迷姦丸
   GHB屬於中樞神經抑制劑，使全身鬆弛、入
   睡，過量會使呼吸停止。

d. Ketamine，K、維他命K
   注射劑原本用於動物麻醉，1980年代濫用為迷
   幻藥，常與PCP併用，造成精神錯亂，動作失
   調，高血壓、憂鬱、失憶等。

e. Flunitrazepam Rohypnol，FM2，俗稱十字架
   是安眠藥之一，易上癮，過量會神智恍惚、昏
   迷、血壓下降、呼吸抑制。

f. Lysergic Acid Diethylamide(LSD)
   LSD是口服的迷幻藥，會使瞳孔放大、血壓升
   高、心跳加速、盜汗、不餓、不睡、口乾、顫

抖等。

以上這六種Club Drugs經常被交互使用,有時加在大麻煙中吸,或和古柯鹼(Cocaine)並用,一旦吸食馬上成癮,並且極難單憑意志力去戒毒。

2. Marijuana、Hashish大麻

大麻如果生長在熱帶或陽光充足的溫帶地區,其葉片或苞片易長腺毛,其內含輕度麻醉成分THC。大麻常被壓成磚形走私,或用酒精抽取濃縮成膏餅稱Hashish,其中有效成分提高一、二十倍以上。

以捲煙或煙斗吸大麻時,初有欣快感,隨後引起懶散、意識混亂,吸高濃度之Hashish常有幻覺及精神病反應。美國高中生吸過大麻煙者將近一半,是日後吸食搖頭丸、古柯鹼或海洛因之入門藥物。以爲吸大麻煙沒什麼壞處的人,他們的孩子極易濫用其他藥物。

一、涉及毒品的犯罪有三類:

1. 受到毒品影響(Under Influence)。很多情況警察不一定要看你吸食毒品才能逮捕。如果警察發現你的行爲很奇怪、談話不清楚或異常興奮等不正常的行爲舉止時,就有理由要求你去驗血。如果在血液中發現有毒品的成份,警察就可以吸食毒

品的罪名予以起訴。

　　對這種毒品犯罪，法官往往要求嫌犯上戒毒課，一般上課一年或一年半，每個月都要進行抽血檢查。如果認為表現良好及驗血沒有發現有毒品的成份，可能有得到一個撤消此項罪名的機會。

2. 持有毒品(Possession)。在美國即使你不吸食毒品，但是在你身上發現毒品如隨身攜帶搖頭丸，也算是犯罪。如果在開車時被檢查到身上有毒品，警察可能會對整個車輛進行搜查；如果在家中被查出身上有毒品，整個家中都會被搜查。如果被查出藏有毒品，最重的處罰可以被判半年的牢刑。

3. 販賣毒品(Possession for Sale)。販賣毒品的量刑是根據販賣毒品的數量及毒品的性質而定。刑期在一年以上甚至十年。

　　涉及到毒品犯罪對非美國公民來說影響非常大，因為這三類犯罪對將來申請綠卡或美國公民會產生嚴重的後果。如果非美國公民涉及到毒品犯罪而被判罰坐牢，在結束牢刑後，案子將被轉入移民局進入遞解驅逐出境的程序。

二、如何防患於未然？

1. 要自己對毒品藥物有基本認識，也要瞭解子女是

否有正確看法,但不宜單用說教或強逼方式去向子女講解,乃用討論方式,以年輕人的角度和思路去引導,較為有效。

2. 建立和保持堅固親子關係,使子女不怕跟父母談論心中的疑問,特別在人生目標、交友、自我形象…等方面,好讓年輕人有健康的人生觀和目標,並在父母引導下解決一些生活困難,使子女不用通過濫用藥物去逃避,或被不良朋友影響。

3. 安排和鼓勵子女參加健康的課餘社交、宗教活動,這不只是給他們機會認識較健康的朋友和學長,更重要的是透過不同的活動,如:打球、音樂、義工…等,建立自尊、自信、自豪,因而減少機會被藥物引誘,用不當方法去獲取虛假短暫的滿足感。

4. 當然,注重子女學業成績,加以合適幫助是十分重要的,使年輕人在學業上有進步和成就感,但切忌要求過高、壓力過大,那會弄巧成拙,使年輕人不勝壓力而要用藥物來減壓、逃避。

三、如何治療?

當發現小孩不幸染上毒品時,不要感到「失面子」,便不敢向人求助。其實,在社區裡,有不同的服務機構可提供幫助。

1. 學校方面。每間學校都有輔導老師,家長若發覺子女有學業、交友、行為或情緒問題,均可先與

校方聯絡。在一般的中學裡，均有說華語的輔導
老師翻譯，可給家長提供幫助，或轉介其他機
構。

2. 輔導機構及互助會。社區上有政府資助或私人執
業的治療機構，可給予一般的心理輔導和藥物治
療輔導。

也有些家長或青少年人互助會，讓有困難的人
士能透過經驗分享，互助鼓勵去度過戒毒或改過
的路程。

3. 警方及假釋局。警方及假釋局不只是作檢控或監
管工作，他們的工作人員都在治療方面，給年輕
人提供指引和督導。

4. 住院式治療機構。若毒癮較深，或朋友影響力太
大，以致需要進入住院式的治療機構，社區中皆
有不同的服務，有宗教背景的、或政府資助的、
及私立的提供幫助。

56．如何分辨家長合法管教與虐待兒童的不同？

體罰是中國人的「傳統」。很多時候華裔的家長在管教自
己子女的時候都不同程度的使用體罰的手段，甚至還有「棍棒
之下出孝子」的說法。但是老祖宗流傳下來的這套管教孩子的
方法，在美國是不適用的。根據美國法律的要求，如果老師或

醫生發現兒童身上有傷痕，他們有責任向警方及兒童福利部門舉報。很多時候美國人愛管「閑事」。如在超市內買東西，小孩不聽話，家長一巴掌打過去，很可能就會被舉報。

如果打小孩被舉報，將有兩種情況發生：

一、家長會被剝奪小孩的監護權。小孩會被兒童福利部門的人員帶走，然後進行調查，看看以前有沒有虐待小孩的記錄，調查後交由兒童法庭的法官處理。法官根據孩子受傷的情況及以前記錄的情況進行裁決。如果重判，將孩子判給寄養家庭，不允許父母接觸小孩；如果輕判，父母必須上課，上完課後法官才能把孩子交換給家長，但是兒童福利部門的人會經常來檢查。

　　要注意，兒童法庭的舉證不同於其他的刑事案件。在其他的刑事案件中，首先是做無罪的推斷，先假定被告無罪，讓檢查官來證明是有罪的。兒童法庭則相反，先假定家長有虐待小孩的行為，讓家長自己來證明自己沒有虐待小孩。

二、警方以虐待罪或疏忽罪起訴父母。如果家長虐待小孩，造成孩子的受傷，將構成刑事罪。如果罪名成立，家長可能會被判牢刑。中國人有個習慣，打完小孩後習慣用一些藥水去擦，傷口因為藥水的原因看起來相當嚴重，因而不懂得中醫的美國醫生、護士或警察以為傷痕，而會使問題更為複雜。如果小孩受傷嚴重，或家長有虐待的前

科，判罰會是一年以上的刑期。由於虐待小孩也
屬於道德品行不佳的行為，服刑後會被提交到移
民局，將面臨著被驅逐出境的命運。

　　涉及到小孩安全的另一類刑事案件是家長疏忽。例如，華
裔家長有時開車帶孩子去購物，孩子不願意進到商場的裡面，
家長就將小孩留在車裡。在炎熱的氣候中，車內溫度很快就升
高，可能使車裡面的孩子受到傷害。這一做法是屬疏忽的行
為，疏忽行為也可以被定為刑事罪。或者，家長自己壓力大，
或為管教小孩，讓小孩餓了好幾天，或家長經濟出現狀況，沒
有向小孩提供一個安全及衛生的環境，導致孩子的健康受到威
脅或發育不完善等，這些也屬於違法行為，做父母的應該特別
小心。

第六章　刑事與法律

57. 美國刑法程序？

「你有保持沉默的權利；如果你說任何話，你說的所有話都可能在法院上作為不利於你的証據；你有權利諮詢律師，並且在被問話時有權要求自己的律師在場；如果你沒有能力聘請律師，法院將會指派一位公共辯護律師。」

上述的話，是美國居民老少皆知的「美蘭達警告語」(Miranda Warning)，但是華裔新移民對美國憲法所賦予的權利並不熟悉，從而不斷出現警察在處理華人案件時濫用權力的案件，而新移民因為對自己的權利不熟悉，而致使其民權被無辜剝奪，因而使其美國美夢變為一場惡夢。

更值得華裔新移民注意的是，自從1996年以來，特別在911事件以後，美國移民法對一些在美國觸犯刑法的移民限制更嚴，如果新移民不小心觸法，而沒有聘請專業的刑事辯護律師替自己維護權益，其刑事案件的結果很可能會影響他們將來進入美國國境，申請綠卡和公民入籍。因而，瞭解到美國憲法所提供的權益以及美國的刑事程序，將可確保在發生狀況時更好地保護自己。

美國生活實用法律手冊

一、萬一被逮捕時該如何處理？

當警方認為證據充足時，他們就會向法官申請逮捕令。當警員持著逮捕令前來逮捕時，或者當警察值勤時發現有犯罪行為而逮捕嫌犯時，警員必須向嫌犯提供美蘭達警告。在此時，最佳的保護方法就是行使自己的沉默權，不要回答任何人的問題，並要求打電話給律師。在此場合，往往是講多錯多，警方往往會求功心切而收集一切可以收集到的口供或證據，警探經常會斷章取義地曲解被逮捕者的解釋，在與自己律師面談前，不要向任何人商談自己的案件。

二、有關保釋金(Bail Bond)

在被逮捕後，警方會向被告親友說明被告是否可以被保釋，以及保釋金的數額是多少？保釋金是用來向法院保證被告會在出牢後出席過堂或審訊，保釋金的數額是根據當時被指控的罪名而定的，如果被告有法院或其他執法部門如移民局的通緝令在身，或有充分理由懷疑被告在被保釋出去後會逃庭，警察可以不讓被告保釋。

在確定保釋金後，被告親友可以向警察局交納保釋金的全額，一般警察局只收現金或現金支票，而不接受個人或公司支票或信用卡。如果親友交納全額保釋金，不管被告案件結果如何，只要被告如期到庭，這筆保釋金將如數退還，除非被告同意將保釋金用來做罰金。如果親友無法籌集到全額的保釋金，可以透過保釋公司來辦理保釋，但是要支付百分之十的費用，此費用是不能退還的，並且保釋公司還會要求親友用房屋或汽

車作為抵押。如果被告沒有被保釋出去，法律規定被告在被逮捕的四十八小時(週末及假期除外)內就必須過堂。

到法院時，被告可以要求法官降低保釋金、或免除保釋金，法院在處理保釋金時的考慮因素包括以往的犯罪記錄、案件的嚴重度、被告出獄後逃避被起訴的可能性，出獄後是否會傷害到其他人等。辯方律師可以在法庭上要求法官減少被告的保釋金，或因為被告逃離的可能性不大，而要求免除保釋金。不過，法官可以拒絕減少保釋金的要求，或拒絕讓被告保釋出外。

三、犯罪行為的類別？

大部份的犯罪活動都可以分為兩類：一類是「輕罪(Misdemeanor)」；另一類是「重罪(Felony)」。

輕罪往往是犯罪行為程度較輕的罪名，若罪名成立，牢刑最高可達一年；而重罪往往是程度較高，牢刑較長的罪名。州政府、州議會往往會透過立法等手段制訂法例，確定哪些犯罪行為是重罪，哪些是輕罪？

如果所指控的罪名是屬輕罪，案件大都在地方法院全部審理完畢，如果所指控的是重罪，案件必須先在地方法院過堂、初審。如果地方法院的法官覺得檢方有合理的證據而被告有可能犯錯，就會將案件移交給更高一層的高等法院處理。

如果案件進入高等法院，它必須經過過堂、審前會議到陪審團審理這些程序。

四、公平合理的審判？

美國憲法賦予所有被告都有權得到一個「公平合理審判（Due Process）」的權利。

公平合理的審判程序包括被告有權在合理的時間內，儘快被告知起訴的罪名，有足夠且公平的機會來辯解其罪名，有權讓公正的法官及陪審團來裁定案件，有機會在法庭上提供自己版本的解說，有權不被警方逼供或被強壓認罪，有權查問及交叉盤問所有提供不利被告證辭的證人，有權由律師代表替自己辯護。而如果案件在某個地區人人皆知，而可能會影響到陪審員的立場，被告有權要求換到另外的地區審理。

美國憲法第六項修正案還規定，被告有權要求案件得到快速的審理，案件不能無故一直拖延。此外，被告有權出席其案件的審理，並且法庭的審理應是公開給大眾參加。

美國憲法第五項修正案還規定，任何人都不能在刑事案件中，被強迫成為證辭對自己不利的證人，而檢方不能向陪審團指稱被告因為有罪而不敢上庭作證。

此外，如果被告不會說英語，法庭必須在所有的審理程序中向被告提供法庭翻譯。

五、罪名成立的標準？

在所有刑事案件中，檢察官必須提供足夠的證據，且證實被告的有罪是「超越合理懷疑的（Beyond a Reasonable Doubt）」的。也就是說，在判決被告有罪時，陪審員對被告是否有罪，不能有合理的懷疑。如果被告提供證據證實控方未能

達到此標準，陪審員必須判被告無罪。

　　這項嚴格的標準要求與民事訴訟不一樣，在民事訴訟中，被告只要提供「足夠的證據(Preponderance of Evidence)」。

六、審判(Trial)

　　在大部份刑事案件中，被告都有權要求由陪審團來裁決。陪審團是從社區中選出來的，任何美國公民都有權利和義務擔任陪審團。陪審團角色非常重要，他們是事實證據的裁決員。一般陪審團是由十二名陪審員組成，大部份州都要求在所有陪審員都認為被告有罪的情況下才能判被告有罪。在現行的加州陪審員制度下，如果十二名陪審員中有一名或以上的陪審員認為檢方未能提供超越合理懷疑的證據時，而會使案件「流審」，如果檢察官決定不重審，被告就會被無罪釋放。但是，檢察官也可以決定重新起訴。

　　許多案件往往因為被告沒有經濟能力來聘請律師到陪審團前申辯，或者自己確有犯錯，而往往與檢方達成庭外和解的協議。但是如果被告仍不是美國公民，在與檢方達成協議前，被告要放棄上述的憲法權利，同時被告還必須考慮到自己所認的罪是否會有移民方面的影響。

七、受害人的權利？

　　「聯邦受害人及證人保護法案」，以及許多州相應的「受害人的權利」法律，給受害人三個權利：

美國生活實用法律手冊

　　首先，政府必須要採取一切措施減少受害人受到被告騷擾和威脅的風險。

　　其次，受害人必須得到尊重。

　　最後，政府對受害人所涉及到的案子必須儘快處理，對受害人的所提出的疑問也必須儘快給予答覆。

　　如果受害人受到損失，特別是在暴力案件中經濟上受到損失或生命受到了損失，受害人或其家屬可以從受害人基金會中得到援助，幫助支付醫院的帳單、葬禮的費用等。受害人及其家屬可以向警方及檢察官詢問這方面的信息，也可以去美國民權聯盟的網站上查詢，網站上提供了受害人如何得到援助的信息，網址是www.aclu.org.

58. 如何與警察打交道？

　　當執法人員，如聯邦調查局探員、地方警察或移民局官員等，找上門問話或調查約談時，必須要十分小心謹慎，在回答警探所提出的問題前，應瞭解他們調查的目的及方向，並諮詢自己的律師。因為你向警探所提供的回答將會在以後的刑事法庭、移民法庭及民事法庭作為証據使用。如果你還不是美國公民，在與警方打交道時更應小心。

一、美國憲法所賦予的民權條款為何？

　　你有權利保持沉默。美國憲法第五修正案規定，任何一位

民眾都有權利拒絕回答政府代表所提出的問題。如果政府官員向你問問題而你拒絕回答，執法人員不能因為你拒絕回答為由而逮捕你。不過，你拒絕回答可能會引起他們更多的懷疑。

你有權利免受執法人員的無理搜索或沒收行動。美國憲法第四修正案是保護民眾的隱私權。如果執法人員沒有搜索令或沒得到屋主的同意，他們不得私自進入民宅或辦公室。如果他們沒有法官的搜索令，屋主或業主有權利拒絕他們入內。但是在某些緊急情況，如屋內有人叫喊救命等，警員可以不需要搜索令就可以入屋。如果警員帶有拘捕令，警員可以入屋逮人，並搜索被逮者附近的地區以保護警員的安全。值得一提的是，執法人員可以且可能在你不知情的情況下監控你的電子郵件、手提電話或住宅電話。

你有權利發表自己的意見。美國憲法第一修正案賦予民眾言論自由的權利，民眾有權利發表對政府官員或政府政策不滿的意見。但是美國最高法院裁定，如果民眾仍不是美國公民，移民局可以針對發表對美國政府或政策不滿的外國人士進行選擇性的調查，如果外國人士有其他違反移民法例的行為，美國移民局可以將外國人驅逐出境。例如，假如一位以遊客身份入境的外國人士在美逾期居留，而在美國發表一些不滿美國的言論，移民局可以針對外國人士不滿美國之言論，或參與一些不滿美國之團體活動等理由而進行調查。

二、如何與警察打交道？

在美國生活，難免會在生活中與警察打上交道。由於語

言、文化背景的不同，華裔移民在與警察打交道中往往因為不瞭解美國警察的作業方式，或對美國司法制度的不瞭解而經常會傳出被警察毆打或誤殺誤傷的事件，瞭解美國的執法及自己的權利，才能維護自己的權利且保障自己的安全。

問：如果我被警察攔下，該怎麼應付他們？
答：被警察攔下時，首先必須有禮貌，警察也是人，他們亦應得到你的尊重，千萬不能開口就罵人。保持鎮靜，儘量用理智控制自己的措詞、肢體語言及感情。

俗語說，「好漢不吃眼前虧」。就算自己覺得警察處理不公，也不要與警察爭吵。與警察爭吵除引起反效果外，自己的所說所為都可以作為將來的呈堂証據。

將手放在警察能看得見的地方。由於美國非常容易擁有武器，警察與任何陌生人接觸時，都會假定對方是持有武器的危險份子。

不要見到警察就逃跑，不要觸犯警察身體的任何部位。即使自己是清白的，也不要抵抗警察的逮捕。不要在現場就喊叫，或指責警察不當，或揚言要投訴，因為警察知道你的用意後，為了保護自己，可能會添油加醋地羅列証據將你定罪。

在你被逮捕後，應儘快與律師聯絡。如果有人目睹逮捕經過，應儘量記錄証人的姓名及聯絡電話。

如果你覺得警察處理你的案件中有不妥或不公平的做法，可以向警察局的內部調查部門或民眾投訴委員會提出書面的投訴。

美國生活實用法律手冊

問：我並沒有被警方逮捕，但警察要找我問話，我是否有法律責任來回答警察的查問？

答：沒有，拒絕回答警察的查問本身並非犯罪行為。當然，民眾通常都願意主動與警方配合，向警方提供一些資料以協助警方的作業。但是美國憲法第五章修正案保障民眾的「沉默權(Right of Silence)」。在一般的情況下，警員不能因為民眾不回答他們的查問而逮捕被查問的民眾。

問：警方並沒有逮捕令，但他們要盤問我。在警察查問時，我可以不理會警察的查問而擅自離開盤問現場嗎？

答：除非警察擁有「可能犯罪的理由(Probable Cause)」來逮捕被查問的對象，或有「合理的懷疑(Reasonable Suspicion)」來進行「攔下搜索(stop and frisk)」，否則被盤問的對象有權利不理會警察的查問而離開。但是在現實生活中，在被警察攔下來盤問時，民眾很難知道警察是以什麼理由來進行盤問的。有時警察可能擁有到「可能犯罪的理由」或「合理懷疑」的証據而將民眾攔下，而被攔下的民眾事實上是完全清白無辜，但他們對警察的盤問理由一無所知，在此情況下，如果民眾堅持要離開，警察可能會採取逮捕的行動。

我們中國人俗話說，「好漢不吃眼前虧」。在決定是否離開警察查問現場時，最好是按照常理(Common Sense)和自衛方式進行，可以直接向警員查問說：「警察先生，我現在正在趕路，不方便和你談話，我現在要離開這裡，你是否會阻攔我」。

如果警察說你不可以離開，你應留在盤問現場。但是你依然有保持沉默有權利，不要與警察爭吵他們是否有合理的理由來要停下攔住你。至於警察是否有「犯罪可能性的理由」或「合理的懷疑」的証據，你可以在稍後與他們在法庭上爭辯。

問：我原來願意接受警方的盤問，但是在盤問的過程中發現不對勁，好像警方是衝著我而來，在此情況下，我是否有權利改變主意，中止與警員的對話？

答：是的，你隨時有權利行使自己的「沉默權」。如果你在接受警察的盤問時發現所說的話可能會引起不必要的誤會，或者可能會惹火上身，你可以隨時跟盤問的警員說自己不願意繼續談下去，而要求警員中止盤問。

問：前幾天我的鄰居發現一宗入門搶劫案，有一位偵探敲門，問我是否看到任何可疑的人物，我跟他說沒有，但是他依然不斷地要問問題，我不知道如何應付他，就當著他的面將門關上了。我沒有任何責任回答他的盤問，但是如果警察堅持要盤問我，這是否侵犯到我的權利，我是否有權告這位試圖盤問我的警察？

答：縱使警察沒有任何可以作為逮捕或進行搜索理由的証據，他們依然擁有普通人的權利。普通人都有權利向陌生人查問一些情況，而不會觸犯法律，因而如果警察只是純粹打探消息，他們和普通老百姓一樣都可以隨便向別人詢問。當然，如果你不想跟警察談話，他們就必須停止詢問。

問：調查人員可以搜索我的房屋、公寓或辦公室嗎？
答：除非你同意他們搜索，或者調查人員有法院所簽發的搜索令(Warrant)，否則他們不能隨便入內搜索。干涉調查人員的搜索並不太可能讓他們停止搜索，反而會因此而被指控妨礙公務而被逮捕。即使調查人員所進行的搜索是非法的，也不要去干涉他們。如果調查人員認為你的室友或客人有權利同意且獲得他們的同意，調查人員仍然可以入內搜索。執法人員可以到你上班的公司搜索，而僱主有權同意執法人員的搜索。

問：調查人員在我家逮捕我，他們可以搜索我的家嗎？
答：警員在逮人時，可以搜索你附近地方的東西而不需要法官的搜索令。不過，如果警方要搜索整個房屋，他們必須向法院申請搜索令，具體陳述所要搜索的地方及所搜索的物件。

問：如果警員有搜索令，該怎麼辦？
答：你有權利查看警方的搜索令。搜索令內必須具體地列出法官同意搜索的地方及尋找的物件或人物。如果警員是帶著搜索令來的，你不能將他們拒之門外，但是你有權利且必須跟他們說明，你不同意他們四處搜索，只允許他們搜索法院同意的地方及收集搜索令上的物件。你可以要求在場觀察他們的搜索行動。你可以將搜索人員的姓名，警員編號及他們的服務機構記錄下來。如果有其他人在場，可以將他們的資料記錄下來，讓他們作為証人。在與律師會面時，應將這些資料交給律師處理。

問：如果警方有搜索令，我必須回答他們的問題嗎？
答：不。警員在搜索前，搜索中或搜索後都可以向你問問題。但是，警員有搜索令並不表示你非要回答他們的問題不可。

問：如果警方沒有搜索令，該怎麼辦？
答：你有權利拒絕警方的搜索，並且你有權利拒絕回答他們的問題。警察不能因為你拒絕他們的無法令搜索或拒絕回答問題為理由而申請逮捕令或搜索令。

問：如果警方沒有搜索令，在我多番拒絕及抗議下，他們仍堅持要搜索，該怎麼辦？
答：千萬不要強硬拒絕或阻撓警方的非法搜索。儘量找到証人，來証實警方是在你不同意的情況下進行搜索的，並記錄下來他們的姓名及警員編號。如果法官在法庭上裁定警方的搜索是違法的，那麼警方所搜索到的証據在刑事案件中不能作為呈堂証據。

問：萬一我跟警察講了一些東西，該怎麼辦？
答：你跟警察所講的任何東西都可能成為不利於你本人或他人的呈堂証據。你有權利保持沉默。如果你選擇與警員談話，要記住，向警方提供任何不實的証詞都可能觸犯刑法。因而，與其向警方提供不實的証詞，倒不如保持沉默。

問：萬一我在公共場所無故被警察攔下，該怎麼辦？

答：你有權利問清楚自己是否可以離開。如果警察跟你說，他們並沒有逮捕你，但你不能離開，這表示他們要扣留你(detain)。扣留並不表示逮捕。如果警察懷疑你可能身上帶有武器或你可能是位危險人物，他們可以在你的衣服外部拍摸，如果他們超出拍摸的範圍，你可以說你不同意他們的搜索。但是，儘管你的抗議，警方仍可能繼續搜索。不管你是被扣留或被逮捕，你都有權利保持沉默。

問：假如我在駕車時被攔下，該怎麼辦？
答：警員提出要求時，你必須向他們出示自己的駕駛執照、車主証明以及汽車保險証明。你有權拒絕警方的搜索。但是如果警員認為你有犯罪的可能性的話，儘管你不同意，他們仍可能進行搜索。

　　如果警察要給你開罰單，你應該簽字。你的簽字只表示你同意在指定的日期到法院與警察當庭對証，並不表示你認錯。如果你不在罰單上簽字，警察可以逮捕你。

　　如果你是被懷疑醉酒駕車，你必須接受吹氣、驗血或驗尿三種測試中的其中一種測試，如果你拒絕的話，汽車管理局可以據此而吊銷你的汽車駕駛執照。

問：如果執法人員聲稱如果我不回答他們的查問的話，他們將向法院申請大陪審團的傳票強迫我回答，該怎麼辦？
答：大陪審團傳票(Grand Jury Subpoena)是一份書面的通知單，要求你到法院陳述你所知道的一些資料。如果調查人員威

脅將使用大陪審團傳票，你應該馬上找律師。如果你沒有律師而直接回答他們的查問，他們仍可能用傳票傳呼你，以回答更多的問題。萬一你被傳呼到大陪審團前問話，你可能有權利拒絕回答某些問題，在去大陪審團作証前，應向刑事律師瞭解清楚自己的權利。

問：我剛到美國，從來沒有跟警察打過交道，英文又不懂，回答警察的問題時很可能會緊張，警察會不會覺得我不願意和他們合作，或者覺得我在隱瞞事實，或者覺得我是有罪的？
答：當警察找上門時，在回答警察的查問前，最好是諮詢一下律師。與律師先會面並不表示不願意與警察合作。大部份美國民眾在與警察打交道前都會先跟自己的律師諮詢一下，瞭解自己的權利。

　　如果自己來不及諮詢律師而直接回答警察的問題，但回答過程中發現警方是衝自己而來，或有一些回答可能會對自己不利，或不妙的感覺，你隨時可以提出詢問律師的要求。一旦你清楚地提出要求律師在場的要求後，調查員應該馬上中止盤問。如果你事前沒有請律師，在警察找上門時，你可以將警方人員的姓名，政府機構名稱以及調查人員的電話記錄下來，然後儘快尋找律師，將這些資料交給律師，由律師出面與調查人員聯絡。

問：如果我被逮捕了，我必須回答警方的盤問嗎？
答：不。萬一你被逮捕，你指需要提供你的姓名及地址，而不

需要回答其他任何問題或提供任何聲明財料。如果你不願意回答任何問題，你必須盡快與律師聯絡。假如你無經濟能力聘請私人律師，你可以提出允見律師的要求。由於這類案件是屬於刑事案件，政府規定如民眾無經濟能力，政府必須提供公派律師，如果民眾不會英語，政府還必須提供雙語翻譯。在與律師會面前，你有權利拒絕回答任何問題。

問：我有一位朋友與別人發生爭執，一氣之下拿起刀來和別人打架，後來被警方調查，被懷疑以致命武器襲擊他人而被逮捕，在警方逮捕他時，警探並沒有給他說任何美蘭達警告就問他武器在何處，我的這位朋友說出了刀的躲藏處，警察果然找到了刀，警察並沒有提供美蘭達警告而進行了違憲盤問，他們所收集的証據可以作為呈堂証據嗎？

答：從此案例而言，警察沒有向你的朋友提供美蘭達警告而違憲收集証據，所有從違憲盤問中獲取線索而收集到的証據都不能作為呈堂証據，根據刑事中的「毒樹之果(Fruit of the Poisonous Tree)」原理，這把刀是不能作為証據的。

　　美國刑法上「毒樹之果」的原理，是指如果証據是因為警方違憲盤問或違憲搜查而獲取到線索，循此線索而獲取到的所有証據都不能作為呈堂証據。此原理是用來保障民眾的民權，阻止警員及檢察官進行違憲的盤問或搜查，從而使警方沒有動力去進行違憲盤問或違憲搜查。

　　不過，如果警方不違憲盤問仍然可以合法找到的証據，依然可以作為呈堂証據。例如，如果你的朋友將這把刀放在背包

美國生活實用法律手冊

內，即使警方不違憲盤問，他們在逮捕你朋友時仍可以在他隨
身攜帶的背包中找到，因而，縱使警方違憲盤問，他們仍可以
合法找到，這証據仍將是合法証據。

專業刑事辯護律師往往會根據此原理來質疑所有警方的証
據，指稱檢方的証據是毒樹之果而儘量將檢方的証據變爲違憲
証據，使檢方的指控沒有足夠的証據。

問：在上述這樣一情況下，假定法官裁定警方沒有提供美蘭達
警告而違憲盤問，法院是否一定要撤消此案？
答：不一定，美蘭達警告主要是阻止檢方向陪審團呈現一些違
憲收集到的証據，如果檢方擁有透過其他合法渠道獲取到的証
據，他們仍可以在陪審團面前定被告的罪。警察在與民衆打交
道時並非每次都需要美蘭達警告，在下列情況下，美蘭達警告
並不相關：被告並沒有被扣押；警方並沒有盤問嫌犯；警方盤
問了嫌犯，但是沒有將從盤問中獲取的証據作爲呈堂証據。

問：如果我眞的做錯了事，不小心觸犯了法律，我是否可以向
警察解釋以爭取脫罪的機會
答：一般而言，在諮詢律師前最好不要直接向警察解釋任何事
情。假如自己因一時衝動而做錯了事，最好是保持沉默，在諮
詢律師前不要向任何人商討案情內容。最令刑事辯護律師頭痛
的証據就是嫌犯獨自向警方所提供的解釋，這些解釋往往是嫌
犯認罪的證據，美國憲法第五章修正案向所有人提供保護自己
利益的權利，即任何人都有權利拒絕提供任何對自己不利的証

據。因而，遇到這種情況時，最佳的方法就是禮貌地拒絕警察的查問，儘盡快聯絡刑事辯護律師。

問：我知道我的高中同學參與了一宗犯罪活動，他請求我替他作人証，叫我向警方作証，指稱在案發當時他和我在一起，假如我向警方提供這些不實的証詞，我會有風險嗎？

答：你會有很多的麻煩。如果你故意向警方提供不實的証詞以協助嫌犯脫罪，你可能會被指控犯了「事後從犯(Accessory After the Fact)」的犯罪行為。當然你有權利來決定你是否願意向警方配合，或是否想保護你的親友。如果你不想與警方配合，你只能拒絕回答警方的查問，而不能提供不實的証詞。一般而言，拒絕回答警方的查問並不構成「事後從犯」的行為。

問：我的一位朋友被懷疑參與一宗犯罪案件，警方要求他進行「測謊」以調查他是否涉案，他是否可以拒絕接受「測謊」調查？

答：警方在調查時有時會使用「測謊器」來測試被問者是否說真話。測謊儀主要記錄受測者回答問題時的心理聯接生理反應。理論上來說，人們在撒謊時需要較多的大腦活動，因而會產生異常的心理壓力，這些壓力會引發某些生理反應，如呼吸速度與深度、血壓、汗液等異常。測謊儀並不能真正測定說話內容的真偽，而是在測量受測者的生理變化。測謊儀就像醫療診斷儀器一樣，訓練有素的專業人員才能有效地運用，其可信

度大半取決於測謊人員的專業水平。測謊是以問答方式進行，問話一般採用簡單的問句，受測者只需要回答<是>或<不是>。測試的問題模式非常重要，測謊的詢問方法包括區域對比法、緊張高點法、對照問題詢問法等，每種方法都包括三群問題，即相關問題、無關問題以及控制問題。

現行的刑法規定測謊必須要先徵得受測對象的同意，警方不能強迫偵查對對象接受測謊，縱使測謊是獲得受測者許可的，現在加州等法庭都不允許測謊的結果作爲呈堂証據。

在現實生活中，警方往往會以「激將法」來誘使偵查對象接受測謊──「假如你是講眞話，爲何不願意接受測謊呢？如果結果証實你是講眞話的，你就可以還自己一個清白」。從刑事辯護的角度而言，不管自己是否有錯，在沒有律師的陪同下，最好不要接受任何測謊。原因很簡單，測謊只不過是警方的其中一項調查工具而已，警方有時會故意說受測者沒有通過測試，而透過精神壓力來誘使受測對象「從實招來」，在這種情況下，受測對象往往因爲緊張而不知所措，結果說出一些可能與以前不一樣的東西，結果讓警方的疑心變得更重。此外，從筆者的經驗來看，如果受測對象是華裔新移民，英語不是自己母語的話，在測試過程中因爲需要翻譯，受測者會更緊張，結果往往對自己不利。

問：因爲我駕車沒有汽車保險，兩個多月前我不幸發生一宗車禍，因爲害怕警察查出我沒有保險，我便駕車離開了現場。一個多星期後，警察找上門來，指稱當時有八位証人看到我駕車

撞到人，然後離開現場，當時還有人將我的車拍下了照片。聽到這些証人及証據，我心裡很害怕，心想警察可能會「坦白從寬，抗拒從嚴」，便向警察認罪。誰知道後來在法院時才發現警察所說的八位証人及我汽車的照片都是根本不存在，當時是警察騙我認罪的。我是否可以用警察騙我認罪的理由，將我自願認罪部份撤消掉？

答：在上述情況下，儘管警方使用不誠實的手法來獲取你的認罪証詞，一般法官都會讓你「自願」認罪部份當作証據。在美國的司法體制中，並沒有「坦白從寬，抗拒從嚴」的做法。警察在辦案時很可能會作出許多從寬處理的承諾，但是警察的這些承諾都是空的，因為最後的懲罰決定權是在檢察官、法官及陪審團手上，而並非警察。

　　美國憲法第五項修正案規定，民眾擁有拒絕提供對自己不利証據的權利，因而所有的認罪(Confession)都必須是自願的(Voluntary)，任何不自願的認罪都是違憲的，而透過違憲手段而獲取到的證據是不能作為呈堂証據的。法律規定警察不能使用暴力，身體或精神上的威脅或其他不當的手段來迫使嫌犯認罪，任何的認罪都必須是自願的。

　　不過，警方往往會使用下述的一些手法來讓嫌犯「自願」認罪：

1. 嫌犯在被扣押期間，心理壓力非常大，許多嫌犯發現監獄的情況很差劣，為討好監警而主動認罪。

2. 警方往往向嫌犯表示如果嫌犯認罪，將會從寬處

理，法院認為警方的這種做法不當，但是警員往往會在法庭上否認曾作出此類承諾，而陪審員和法官往往會相信警探。

3. 警方會使用黑臉/白臉的策略，在此計謀中，扮演黑臉的警探會對嫌犯很凶，而扮演白臉的警探則扮作一位大好人，讓嫌犯感覺到這位大好人是會替自己說話的，使嫌犯主動向這位大好人警探認罪，當在法院上發現這位大好人正在「出賣」他時，嫌犯才發現不妙。

4. 一些嫌犯誤以為如果認罪不是用書面寫下來的都不會有大礙，但是法律是允許警探在法庭上提供嫌犯的口頭認罪的。

5. 警探會讓嫌犯感覺到他們已到了窮途末路的處境。例如，警探會聲稱他們有許多証人，嫌犯未通過測謊，或警方掌握到嫌犯犯案時的照片或錄影帶等等，讓嫌犯覺得唯有認罪。

6. 警探會利用嫌犯的內疚心理，強調認了罪就可以補償受害人的損失，在道德上迫使嫌犯認了法律上的罪。

7. 警探有時會向初犯者稱，如果認罪將可以快速結案，許多初犯者信以為真，想早點結案而放棄了自己的憲法權利。

8. 警探往往會向嫌犯稱，他們聽了受害者的証詞，現在只想聽一下嫌犯方的說法，將兩方面的說法

寫進去，這樣更顯公正，但是結果往往是事與願
違，警方所寫進去的東西往往成爲定罪的最強証
據。

問：如果我懷疑自己被警察跟蹤，該怎麼辦？
答：首先，用頭腦地清醒地想一想，是何人爲何事會來跟蹤自
己。其次，如果自己在公衆場所發現有人在跟蹤自己，你可以
直接了當地找出跟蹤者，友善地查問他們爲何要跟蹤自己。最
好是自己找一位朋友在場作爲証人。儘管跟蹤的人不回答自己
的問題，至少他們已知道你已意識到被跟蹤。在法律上，任何
人都可以在公衆場合監視他人，調查人員也可以這樣做。如果
你懷疑自己被政府調查部門跟蹤，或被他們騷擾，你應該找刑
事律師瞭解自己的權利及因應的方法。

問：如果我被警方虐待，該怎麼辦？
答：如果受到警方不人道的對待，你應記錄下他們的警員編
號，他們的姓名及相關的資料。你有權利要求這些資料。儘可
能找出目睹事件經過的証人，並記錄他們的姓名及聯絡電話。
如果你有受傷，應拍下受傷的照片，並儘快聯絡律師。

59. 非美國公民與移民局打交道之道？

在與移民局打交道時，最重要是瞭解自己的權利，並堅持

美國生活實用法律手冊

行使自己的權利。如果你不要求行使你的權利，或者你簽字同意放棄自己的權利，移民局可能拒絕你聘請律師或見移民法官的要求而直接將你驅逐出境。

事先向律師諮詢自己的權利。應該隨身攜帶一位自己可以聯絡上的律師的名片。自從911事件後，移民法案變得更加複雜。目前政府正在草擬大批法案，讓移民局有權逮捕、監禁、扣留及驅逐任何政府部門懷疑與恐怖份子活動有關聯的非美國公民。

根據現時的移民法例及法院的判例，非美國公民，不管是持有綠卡合法在美居留或非法在美居住，都有下述的一些權利。不過仍未進入美國國境而試圖入關的外國人士不一定有以下這些權利，並且這些權利很可能會因為將來新的法例出爐而有所變更。

問：在回答任何移民局官員的問話或簽署任何移民局的文件前，我有權利諮詢律師嗎？
答：通常來說你有此權利。如果你被扣留，你有權利打電話給律師或家人，並且你在扣留期間有權見自己的律師。在移民法庭上，你有權利聘請自己的律師。與刑事法庭不一樣的是，刑事案的被告如沒有經濟能力，政府必須指派公設辯護律師替被告辯護，而移民法庭上，你有權利請律師，但是必須是你自己付費，而政府並不會指派律師。

問：如果我被移民局官員攔下，我是否一定要向他們解釋我的

身份問題。

答：不。如果你想的話，你可以向移民局官員解釋你的身份。但是，最好是先跟自己的律師商談才回答移民官的查詢。如果移民局查問任何有你的政治理念、宗教信仰、所屬組織團體、過去的言行、以往的旅行記錄或其他你覺得奇怪的問題，你可以拒絕回答，並馬上找律師來幫忙處理

問：我在美國生活，必須隨身攜帶綠卡或其他移民身份的文件嗎？

答：是的。如果你並非美國公民，法律規定你必須隨身隨時攜帶能証實你身份的文件，這些移民証件包括永久居民卡(即綠卡)、I-94入境卡、工作許可卡、過境卡以及/或者任何能証實你已與移民局登記的証明。如果你身上沒有這些文件，移民局可以以輕罪指控你。政府執法部門目前很少會使用此項來提出刑事指控，不過，並不表示將來不會落實此法例。

問：如果我被移民局逮捕，移民局必須提出違反移民法的指控嗎？

答：是的。根據美國法例，移民局必須在48小時內決定，是否將你送入移民法庭處理，或者繼續扣留，或者允許你保釋出外。

在911事件後，國會新通過的法例，允許移民局在某些特殊情況或緊急情況下將扣留時間限制從48小時，延至「額外的合理扣留時間」，如果司法部部長將該名非美國公民人士定為恐

怖份子或認為他們會對美國的國家安全造成威脅，他們可以將非美國公民扣留七天而不需要馬上決定是否起訴被逮捕者。

問：如果我在美國本土被移民局逮捕，我有權利要求保釋出外？

答：在大部份情況下，一旦你付了保釋金，你就有權利要求釋放出外，並且你有權利要求見移民法官，進行保釋聽証會。儘管移民局仍未提出指控，你依然有這些權利。但是法例並沒有規定移民法官必須聽取那些案件。如果移民法官認為你被保釋出外後可能會給社會造成危害，或可能會逃跑，法官可以扣留在拘留所內。在一些案件中，如果非美國公民人士被指控參與恐怖活動或有某些刑事記錄，法官將不會讓他們保釋在外。

問：如果移民局要驅逐我出境，我是否有權利要求移民法庭給我一個聽証的機會？

答：是的。如果你是在美國居住而被移民局扣留的話，一般而言，只有移民法官才有權力將你驅逐出境。但是，如果你放棄(Waiver)你的權利，或者選擇「自動離境(Voluntary Departure)」，你將失去聽証會的機會。如果你在美國有刑事犯罪記錄，或者在入境時被扣留，或者過去曾有被驅逐出境的記錄，你可能會不經過移民法庭的聽証會就被驅逐出境。

問：如果我被移民局逮捕，我有權利與領事館聯絡嗎？

答：是的，你有這權利。根據國際公約，如果外國人士在美國

被逮捕，他們有權利通知自己國家的領事館，或者要求警方通知領事館。警方必須允許領事館官員來探訪，並讓領館代表與被逮捕人士談話。你的領事官員可以替你找律師，或提供其他方面的協助。當然，你有權利拒絕自己國家領事館的協助。

問：如果我決定放棄移民法庭聽証會的權利，或者在聽証會結束前離境，後果會如何？

答：你很可能會失去申請合法身份的資格，並且很有可能將來無法再回到美國。在決定放棄自己的權利，或者聽証會中途離境，會有嚴重的後果。即使你有綠卡，移民局都可以拒絕你入境。如果你在美國非法居留超過六個月以上，移民法還規定你好幾年內都不能申請到美國。因而，在決定離開美國前，應與自己的移民律師商討將來的後果。

問：我是與美國公民結婚獲取到綠卡，以往回大陸探親都沒有問題，但是，最近一次被移民局攔下查問，因為我五前年曾被警察逮捕過，後來移民局將我的綠卡沒收，並給我一個所謂的Deferred Inspection日期，這是何故？

答：自從911事件後，移民局開始加強入境時非美國公民犯罪背景調查，如果你擁有美國合法居留身份，但以前曾被警察逮捕過並做過指紋，移民局都會查出來，如果移民局沒有結案記錄，或者所犯的錯是嚴重性的重罪，或與道德不佳(如商店偷盜，色情，家庭暴力等)相關的犯罪記錄，移民局可以扣留你的證件，要求你到移民局總部進行Deferred Inspection(延後

審查），讓移民提供法院資料來解釋被逮捕的事件，以確定該
刑事案件的嚴重程度，如果情節嚴重，移民局可以將案件移交
移民法庭處理，如果情節不嚴重，移民局將退還移民的證件。
因而，任何曾有過被逮捕記錄的民眾，在離開美國前應與自己
的刑事律師及移民律師查詢，避免「肉包子打狗，有去無回」
的問題發生。

問：如果我想同移民局聯絡，該怎麼辦？

答：以前移民局扮演著執法與服務這雙重角色，但是在911事
件後，由於擔心外國人士鑽移民漏洞，移民局已將執法及服務
這兩功能分開，而開始著重執法。因而，在與移民局官員打交
道(即使是電話聯絡)前，應先與自己的律師商量好才採取行
動。

60. 外國遊客在美國的權利有那些？

雖然外國遊客的權利及保障遠遠不如美國本土居民這麼
多，但是，美國法律規定，任何政府部門都不能因爲他們的種
族、國籍、性別而進行攔阻、搜索、扣留或驅逐。

問：如果我隨身帶有所有有效的旅行証件，美國海關官員可以
將我攔下並進行搜索嗎？

答：可以的。海關官員的職責是防止任何違禁品如毒品、武器

等進入美國境內，因而他們有權攔你下來並進行搜索。持著有效的証件並不表示海關關員不能盤問或搜索你。

問：我以往曾在美國商務考察過，多次進出境都沒有問題，有一次在美國酒後駕車，被警察逮捕過並做了指紋，但是經律師爭取該案被撤銷，後來我在美國申請到Ｌ－１跨國公司主管的身份，以前進出入境都沒有問題，近期被移民局攔下，並指稱我有被逮捕記錄，而拒絕讓我入境，要我馬上搭機返回，我要求見移民法官，他們又不允許，移民局能這樣做嗎？
答：移民局是有權這樣做的．如果你沒有獲取到永久的居留權，移民局可以直接拒絕入境，並禁止你將來五年再入境。儘管你的刑事記錄被撤銷，但是你被逮捕的記錄仍留在全美犯罪資訊中心(NCIC)內，除非當時你隨身帶上撤銷案件的警局或法院記錄而說服移民官員，否則你將沒有機會替自己解釋，並且在法律上，你仍未進入美國國境，因而你無權要求律師，也無權要求見移民法官，除非你有理由要求庇護。

問：如果我的行李及本人都經過安全檢查設備的檢查而發現沒有問題，安檢人員及執法人員有權利繼續搜索我本人及行李嗎？
答：根據法例，你購買機票並到機場，這就表示你已默許安檢人員的檢查。如果安檢人員最初並沒有發現任何可疑的物件，他們不應繼續進行搜索。如果你的行李或身體引發警告信號，安檢人員有權進行進一步的搜查。

問：我在飛機上，飛機的機組人員有權利盤問我或者將我從飛機上趕下來嗎？

答：如果飛機的飛行員（機長）認為乘客的安全可能會受威脅的話，他們有權利拒絕你登機。機長的決定必須是合乎情理，並且是根據實際的觀察，而不是純粹的猜測而已。

61．美國刑法有那些懲罰方式？

俗語說，「人無完人」。縱使是聖人，也有犯錯的時候。但是，我們從小就受到愛憎分明的教育，一直被灌注好壞之分、黑白之別，我們一直都覺得世界上只有兩類人：一種是好人，一種是壞人。假如不是好人，那肯定就是壞人。

在社會接觸多後，就會發覺世間的事並非黑白與好壞。有一些被外界認為是壞人的人，卻做出一些好人都無法做到的事情。例如，一位清貧的母親為了小孩不挨餓受凍，而到商店偷東西，依法而言，她的行為是違法的，但是從小孩子的角度而言，她是一位很偉大的母親，為了小孩的暖飽，鋌而走險作出那麼大的犧牲。

由於筆者從事刑事辯護的工作，接觸到不少刑事案件中被指控的客人，在外界看來，警察跟這些人無怨無仇，而將他們逮捕，肯定他們是犯了錯。不過，與這些客人接觸後，都發覺他們都是有血有肉之士，他們被指控犯錯，很多時候是因為剛到美國，對美國法律不懂而觸犯法律，有些是因為語言及文化

背景不同而與警察溝通不良，而導致誤會或衝突。

　　不過，美國的法律對人權還算重視。我們中國人常說，一失足成千古恨。美國的法律還是有人情的一面，未必會讓犯錯的人會一輩子抬不起頭來。從刑事案件的懲罰方式，就知道美國的司法制度十分注重改過自新，讓一些犯錯的人重新做人。

　　一般而言，大部份的刑事案件都是由律師及檢察官協商達成認罪協議而結案，假如案件到陪審團去，十二位陪審員投票認爲有罪，則由法官作出判刑懲罰。而懲罰大致分爲五大類：

　　一、牢刑。有諸多案件一旦陪審員裁定被有罪，法官
　　　　就必須按照法定的標準來判罪。例如，在加州，
　　　　如果一級謀殺罪成立，被至少要被判十五年以上
　　　　的牢刑。牢刑分爲二大類，一類是州政府的牢
　　　　刑，一般一年以上的牢刑都必須送到州政府管理
　　　　的監獄執行，而大部份在州牢刑服完後，如果不
　　　　是美國公民的話，都會被送到移民局的牢營中
　　　　去，由移民局來確定是否要將犯者驅逐出境，另
　　　　一類是刑期在一年以下的，這類牢刑大都是在縣
　　　　政府的監獄執行。因而，如果不是美國公民，刑
　　　　事辯護律師都會儘量將牢刑的天數保持在三百六
　　　　十五天以下以避免被在服刑後被驅逐出境。

　　　　由於美國被判牢刑的人數眾多，因而，大部份
　　　　的法院都同意服刑一天當一天半來算，因而，被
　　　　判一年的人，如果行爲有改過自新之意，都會在
　　　　七，八個月就會放出來。

美國生活實用法律手冊

二、社區服務。美國雖然沒有中國大陸所謂的勞動改
　造的作法，但是，由於監獄人滿爲患，因而法院
　也開始採用社區服務的方式來替代一些牢刑。社
　區服務一般分爲二類，一類是體力勞動，如到高
　速公路旁清掃公路，到公園拾垃圾，另一類是到
　教會、學校、圖書館、醫院等非營利機構去做義
　工。社區服務主要是讓犯錯的人有機會去補償社
　會。如屬初犯者或犯罪行爲不嚴重者，法官大都
　願意犯錯者用社區服務來替代牢刑。

三、緩刑假釋期(Probation)。嚴格而言，Probation
　應翻譯爲行爲觀察期，只要在觀察期期間不再做
　其他任何錯事，在期滿後就可以申請撤銷原案。

　　緩刑假釋期分爲兩類，一類是正式的假釋，被
　假釋者必須定期向假釋官報到，並且放棄一些基
　本的民權保護，如警察不須要申請搜查令就可以
　到府搜查，第二類是非正式的假釋，被假釋者不
　須要定期服到，也沒有必要與假釋官保持聯絡，
　只需要在觀察期間不再犯任何錯，就算假釋條件
　完成。

　　在華人社區中，經常會遇到一些違反假釋條件
　的案例。一旦法官判決後，犯錯者就必須按照法
　院的指示來完成一些任務，如做社區服務，向法
　院交罰金等，往往一些華裔人士因爲不明白法官
　的指示，或不將法官的判決當成一回事，而沒有

美國生活實用法律手冊

在限定的時間內完成所有的任務。假釋官經常會通知法院，法院因此會簽發出違反假釋條件的逮捕令，一旦被警察逮捕，被就會被指控違反假釋條件，法官據此以按照法例來重判被告。有時一些人士會因一些雞毛蒜皮的假釋違規行為，而被法官重判牢刑。在法官心目中，我已經給了你機會，是你自己沒有珍惜而已，不能怪誰，只怪自己不珍惜。

四、罰款。法官會依照罪名及行為的輕重而確定罰款，辯護律師與檢察官會討價還價地商討好罰金，一般來說，法院會在罰金上加上一些額外的費用，如在洛杉磯，法院會在商定的罰金上乘上百分之一百七十五，再加上一百元的受害者基金費，因而商定好的罰金如是一百元，將所有罰款加起來，往往要交三百七十五元。

五、法官依案件的不同而採取一些認為有利於教育犯者不再重做，或補償受害者的措施。例如，法官以要求駕車誤撞死他人的駕駛人士賠償死者家屬葬禮費用；在處理商店偷盜案中，法官經常規定被不得再次到該家商店購物；在家庭暴力案件中，法官經常要求被去上一年的心理輔導課程；在酒醉駕車案件中，法官經常要求被告上三個月到六個月的戒酒課程等等。

62．犯罪記錄的影響及清洗程序為何？

　　1996年，在美國反移民風潮高漲期，國會通過了一系列反移民法案，其中對移民犯罪的懲罰最為嚴厲。除影響到非法居留人士外，未成為美國公民的合法永久居民如綠卡持有者，都可能因為觸犯法律而可能被驅逐出境。

　　筆者有一位在非營利法律援助社的律師同行有感表示，自從這項所謂的移民改革法案通過後，犯罪只是美國公民的權利了，如果不小心犯錯，很可能就難圓美國夢了。此話雖然有些誇張，但是，仔細研究這項法例，可以發現在美國犯罪的確有想不到的惡果。我們可以從兩個層次來分析。

　　第一個層次，就是如果被定罪後，在服完刑後被移送移民局進行驅逐出境(deportation)，一旦被驅逐出境，被驅逐者將來不能再回到美國。這類案件分為兩大類：

　　第一類是被稱為惡性重罪(Aggravated Felony) ― 如果被判處一年以上的牢刑(如搶劫，重大偷盜，縱火等)、或走私毒品、非法擁有槍械、謀殺、強姦或性侵犯未成年少女(不論刑期多長)。

　　第二類是被稱為嚴重性的道德品行不佳(Crime of Moral Turpitude)的罪行(如詐騙，色情，偷盜，家庭暴力)如在美國居留的過去五年間曾犯了道德品行不佳的案件而此案件最高可被判處一年以上的牢刑，或者過去五年中犯下兩宗與道德品行不佳相關的案件。

　　第二個層次是被拒絕獲取合法身份的影響(Removal Because of Inadmissibility），也就是說，如果將來他們出境，在申請回美時，申請可能被拒絕，或者現時是合法身份，但是將來申請綠卡或申請公民時可能會因此而受移民局的拒絕。這一層次的案件較第一層次較輕些，主要是涉及到一般性的道德品行不佳行為。

不過，這一層次的案例仍有補救的方法，法例允許一些犯了輕罪的移民申請合法身份，但申請者必須具備三個條件，一是只犯過一次輕罪，二是被判的牢刑不超過半年，三是該項指控的最長刑罰不超過一年的牢刑。

在911事件後，美國加強了進入美國國境人士的背景調查，如發現有犯罪記錄者，將仔細盤查，如果入境者擁有美國永久居民的身份，且犯罪記錄為輕罪，移民局可以先讓他們入境，但是很可能會扣留他們的綠卡，要求他們到移民局解釋該案。如果入境者沒有永久居民身份，只具備學生身份、觀光或商務簽證，縱使美國駐外的領事館已發給簽證，移民官仍可以拒絕他們入境。一旦被拒入境，將來五年內都不能進入美國。因而，有犯罪記錄的非美國公民人士在離境前應先與律師聯絡。

一、如何清洗犯罪記錄？

刑事案件一般都是以庭外協商和解及陪審團審理兩種方法解決。一旦達成認罪協議後，被告往往向法官表示「不抗辯（No Contest，即放棄與檢方當庭對質的機會）」，然後法官就可以判罰。如果案件去陪審團而被判有罪，法官就開始判罰，被告的法院記錄將是「有罪(Guilty)」。

　　如果被告完成了法官的所有判罰要求，例服作完社區勞動、交完罰款、上完課程等，到保釋期過後，如果案件是輕罪的話，當事人可以向法院申請清洗犯罪記錄，這一個程序英文叫Expungement，主要是允許民眾將以前的「不抗辯」或「有罪」變爲「無罪(Not Guilty)」。

　　要獲取到法官的同意，申請者必須向法官證實自己已完成法官所判罰的所有任務，並且在結案後到申請清洗日爲止保持著良好的紀錄，再也沒有被警察逮捕過。申請者可以回到審理案件的法院去，向書記官(Clerk)索取申請表格，提供自己的駕駛執照及社會安全卡號碼、以前的案件號碼、交付法院的規費，法庭人員會將申請表格分送到檢察官辦公室及當時審理案件的法官去，檢察官將透過電腦系統核對申請者是否眞的在過去幾年沒有再犯錯，法官也會查對申請者是否眞的完成所有的法官要求。

　　在核實後，法官有時會直接簽署一項法官命令，有時會要求申請者到庭，瞭解所有情況後才簽署清洗命令。一旦簽署，就表示法院同意撤銷該案，並且被告的罪改爲無罪。因而，將來申請移民或申請工作時被問服有無犯罪記錄時，就可以回答沒有。不過，該清洗行動只能清洗到法院的犯罪記錄，而無法清洗到警察局的逮捕記錄。因而，被問及是否曾被逮捕過時，仍然要回答「曾有過」。

　　如果保釋期未滿但又急需清洗犯罪記錄，例如當事人要申請綠卡或公民面談，移民局發現申請者仍在假釋期間，很可能會拒絕申請案，可以向法院先申請提早中止假釋期，等法官同

意提早結案後,接著馬上申請清洗犯罪記錄。不過,法官一般只同意輕罪的被告,如果犯的是重罪的話,法官都不太願意同意。

許多民眾被警察按過指紋,想要清洗警察的逮捕記錄,事實上,這是一宗近乎不可能的事情,因為警察局往往要求法官出具證明,證實被逮捕過的人士事實上是完全清白的,而大部份案件都是認罪結案,如果被告認了罪,就不可能是完全清白的。即使法官同意清洗逮捕記錄,仍要等候警察局局長簽字才能辦成。

如果曾被警察逮捕過,後來因為證據不足等原因沒有起訴,當事人應要求警察局或檢察官辦公室出具一些證明文件,大部分執法機構都沒有設立這方面的系統,但是最好仍與這些機構主管或自己的律師商量,爭取到手上有一些文件,以備萬一。在911事件後,執法部門如移民局依賴指紋系統很強,往往查出民眾被逮捕過的記錄,從而引發出許多麻煩,有這些文件在身,可馬上進行解釋而避免不必要的困擾。

63. 如何處理家庭暴力案件?

到美國的第一代新移民總會承受各種壓力,夫婦爭吵的事情難免會發生,關鍵是如何處理生活的壓力,而不會因為壓力的發洩而觸犯到法律。我們中國人難免仍會有一些傳統的觀念,會有一些大男人主義的想法,有時女方也逆來順受,等到

壓力無法解決，溝通無效時，往往會發生肢體的衝突。

不管是中國大陸、台灣或香港，如果家庭吵架或有肢體衝突，警察有時不會理會，有時趕來會扮演調解人，教訓動手者不能再動手就了事。但是，在美國就不一樣。

自從辛普森被控弒妻案後，婦女權益團體給美國的執法機構很大的壓力，執法部門對家庭暴力案件十分重視，當警察到達現場而發現女方有傷痕時，會馬上逮捕男方。

許多時候，當另一半被警方帶走時，另一方因為小孩、保釋金、律師費用、家庭收入等因素而發現當初不應報案，而往往要求警方撤銷案件。

但是，警方往往不會隨便撤消案件，警方在處理家庭暴力案件方面經常接觸到這種情形，而不敢隨便自作主張撤案，而往往將案件交由檢察官處理。檢察官也因為社會的壓力，而不敢隨便撤案，他們將會視傷勢及案發情形，而以輕罪或重罪起訴出手的一方。

在一般的刑事案件中，如果証人不來作証，而警方的報告不能作為呈堂証據，在此情況下，檢察官不得不因為缺乏証據而撤銷起訴。但是，家庭暴力案件則是例外，因為許多人認為受害方發現事態會發展到如此嚴重而不想起訴，因而可能不願出庭作証或作証時改變原來的証詞，為此，1996年加州通過一項新法規，在許多情況下，縱使受害方不出庭作証，檢方可以將警察報告作為呈堂証據。

一般來說，如果沒有傷到配偶，或者是因為一時之氣而發生的衝突，可能會被控襲擊罪，加州刑法規定，襲擊配偶、同

居者或其小孩的人士最高罰款可達二千元，或可被判坐牢一年以下，或以上這兩者。

如果傷勢嚴重，或用一些致命性武器來毆打配偶，檢察官可能會以重罪方式起訴動手者，這項重罪除可以罰取高達六千元的罰金外，還可能會被判高達一年的牢刑。

此外，被告還必須上一年的家庭輔道課程，每星期都要上二個小時，還必須自己支付大筆課程費用。

如果被告重罪並罪名成立，此項罪名是屬於道德品行不佳的罪，因而還會影響到將來申請身份。

夫婦發生爭執是難免的事情，但是如果發生家庭暴力案件而被檢方起訴，原來本來可以癒合的傷口，往往會變得更大，男方會更加埋怨女方太絕情，居然這些小事也報警。除夫婦雙方都受連累外，小孩往往是家庭暴力案件最大的受害者。

因而，如果發生夫婦不和的情形時，最好是透過第三者進行溝通，或夫婦兩人都參加一些夫婦和諧促進班或一些教會、佛堂等提供的家庭輔導活動。假如婚姻無法仍無法維持，應好合好散，通過合法、理智的方法來辦理離婚手續。經過家庭暴力刑事案件程序的人士，都會後悔當初「前車之鑑，後事之師」，在美國，老婆是打不得的！

64．如何處理商店偷竊案件？

商店偷盜是美國最常見的犯罪行為，其中大部份案件都發

生在女性身上。富有的好萊塢女星溫諾娜‧萊德被指控偷走五千多元貨物一案，經過媒體的渲染，成為家喻戶曉的案件。美國執法部門曾對商店偷盜的案件進行過有系統的統計，發現百分之八十的案件都是發生在二十歲到五十五歲的婦女的身上。

前幾年，洛杉磯地區曾發生一位檢察官在開庭審理一宗重大刑事案件前的一天，到一家百貨公司拿走價值四百元首飾的案件。檢察官到商店偷東西，聽起來不可思議。但是，心理學家都認為情有可原，許多女性在壓力太大時，會做出一些不可思議的事情，其中到商店去拿別人的東西，是最常見的異常行為。

這些異常行為除在壓力大時會發生外，有時會因為女性的生理因素而引致，特別是在女性更年期或月經來前一周發生。當事人往往在案發後才知道自己做錯事，覺醒過來時，好像是一場惡夢。就如在超市拿豬肉一案，當事人發現她先生在外面有外遇，心理非常氣憤，大陸派出的女經理，是因為公司業務拓展不好，總公司要派人來替換，在台灣做老師的女士，因為剛跟先生離婚而要自己帶著小孩過單親生活…。

不過，此類案件並非侷限在女人身上，在壓力大時，男性同樣也會做出這種錯事。去年香港名歌星林子祥因為婚姻方面的問題，壓力重重，就在夏威夷一家禮品店拿走一付太陽眼鏡。

一般而言，如果當事人帶著袋子、剪刀等物進入商店拿東西，檢察官會覺得當事人有預謀，而以竊賊罪（Burglary）之重罪罪名起訴，如果貨物價值超過四百美元，檢方將以重大偷盜

罪(Grand Theft)之重罪罪名起訴，如果所涉及的價值低於四百美元，則以小偷(Petty Theft)之輕罪罪名起訴。

如果重罪罪名成立，最重可被判罰一年以上的牢刑，二千多元的罰金，並且會影響到將來調整移民身份。如果是輕罪，最重可被判六個月以下的牢刑，一千元的罰款。此外，加州法例允許商家透過民事賠償的方式，要求當事人賠償五百元以下的調查費及罰款。

一般而言，在專業刑事辯護律師的力爭下，初犯者大部份可以用支付罰金或做義工的方式，將罪名降到輕罪而不影響到移民身份的情況下解決。

從我們的經驗來說，這類案件的法律問題非常容易解決，我們可以將大事化小，小事化無，將這類不幸事件的影響降到最低程度，而最難之處，是如何克服心理上的陰影？如何應付美國生活上的各種壓力？最佳的方法是爭取家人的諒解，透過參與社區、教會、佛堂或心理諮詢服務機構的活動，解開此事帶來的困擾，重新開始新的生活。

65. 如何處分風化案件？

美國是一個開放的社會，民眾對性之類的事情並不太在乎，儘管如此，仍有大部份的居民認為色情業有傷風化，而制定對賣淫、嫖妓、聯絡安排他人賣淫等行為嚴加懲罰。每個州對賣淫行為的定義都不一樣，不過，這些罪名的証據要求標準

不高，檢方不需要過多的証據就可以起訴。

以加州爲例，根據加州刑法647(b)項，假如被告同意與他人發生性關係，且同意以金錢作爲交易，並隨之作出進一步的行爲，就構成了賣淫罪。

爲了收集到足夠的証據，警方往往會在報紙的成人服務類項或據鄰居處獲到線索，然後打電話聯絡，在電話聯絡時就開始錄音，在電話中往往會問是否會有「全套」服務，或者他是否要帶保險套。上門後，風化組由二或三名員警進行配合行動，便衣警員身上大部份都會帶上通訊錄音設備，外面的警員可以監聽以作接應行動。上門後，便衣警員往往會開始詢價，口交要多少錢？手交有多少錢？並將作記號的現金給小姐。一旦小姐作進一步的行動，如脫衣服或拿出保險套，警方就進行逮捕。

許多被逮捕的小姐往往都覺得奇怪，自己並沒有在身體上有接觸，更談不上性器官上的接觸，就會被起訴賣淫罪。但是，加州的法律很死板，只要符合上述的三個成份，即同意發生性關係(明示或暗示)，同意以金錢爲交易，並有進一步的行動，檢方會堅持認爲，即使沒有性的關係，但是拿出保險套或脫衣服，即屬進一步的行動。

在許多刑事案件中，警方設立圈套或引誘他人犯案，辯方可以以圈套(Entrapment)和引誘(Enticement)作爲辯護理由。在大部份的色情案件中，警方都是利用便衣警員進行辦案，而他們往往都會設立圈套，或故意引誘被告，但是由於這類案件偵破的方法只能採取這些行動，因而，法院裁定這兩項手法是

合法的，因而不能引用此兩項辯護理由。

因而，要打贏這類官司，關鍵就要在這項罪的三個成份下手。大部份的小姐都是剛到美國不久，不會說英語，辯方可以提供反証據，証實被告不可能理解或同意進行以金錢作性交易。

這類案件最高的處罰是一年的牢刑，而大部份的案件都是庭外和解處理，和解的條件依處理的檢察官、法官及處理的辯護律師而定。一般的初犯是罰款，及上課，驗血。如果是累犯，將會影響到將來調整身份，因為賣淫罪是屬於品行不佳的行為，如有兩次或以上記錄則會被移民局拒絕其任何調整身份的申請。

對於嫖客而言，最高處罰也是一年以下的的牢刑，但是大部份初犯者都可以達成庭外和解，罰款作為警告。而安排或經營賣淫業的被告，加州法律認為這些人逼良為娼，而處罰非常嚴厲。

根據加州刑法266(a)，如果被告知道他人是賣淫，並且從其參與賣淫行為中獲取到利益，則構成經營賣淫罪(Pimping)，一些替小姐開車的人士也可能因此而觸犯此項法例。

這項罪的處罰遠遠嚴厲過賣淫罪。加州法律對此類罪名作出強制性處罰條款，因而即使是庭外和解，也必須要判處三年以上的牢刑。

第七章　就業與法律

66．申請工作時如何保護自己權益？

華裔新移民在自己的母國習慣於由政府安排工作，政府對失業者的安排也有一些政策。特別是在中國大陸，找到一分工作幾乎可以成爲「鐵飯碗」，工作的流動性也不是很強，很多人一輩子最多只換過一、兩次工作而已，甚至在一個工作崗位終其一生。美國則完全不同，工作的流動性很大，很少有人一輩子只做一項工作。不過，美國的勞工法對於勞工來說，沒有什麼權利可言。聯邦的勞工法只是對僱主的一些行爲進行了約束，但是勞工的就業並沒有得到保障，法律沒有保障就業的條款。

雖然如此，移民在爭取工作時還是要有一些應該知道或注意的問題。

首先，在面談時，僱主不能向申請者查問有關個人隱私的問題及政府規定不能問的問題。有些華裔僱主在請人時常犯這方面的錯誤，因此違反了政府的規定而遇到不必要麻煩。僱主不能問的問題有：

一、年齡和出生日期。因爲如果年齡超過四十歲，僱主可能會被懷疑有年齡歧視的問題。但是有些行業對年齡有一定的要求，如在酒吧工作一定要在

二十一歲以上，這種情況詢問年齡不應算做是歧
視。

二、配偶的職業、子女的年齡及是否有計劃要孩子。
有些僱主擔心僱員有孩子會影響工作，但是美國
憲法第十四項修正案規定，民眾有生孩子的自
由。法律不允許僱主在聘用員工時考慮這方面的
因素。

三、祖先、父親、祖父母的出生地及家庭情況。

四、父母、配偶、子女的移民身份和國籍。這些問題
與僱員的工作無關，而且涉及到個人的隱私。

五、宗教

六、黨派

七、身體是否有殘障及殘障的程度。這個問題涉及到
美國殘障保法案的內容，法案規定僱主不能因為
應聘者或僱員有身體上的缺陷而歧視，除非證實
所從事的工作與身體健康的狀況有關，僱主才可
以問這方面的問題。

如果僱主違法問到了上述所說的不應該問的問題，民眾應
該做如下的處理：

一、如果認為回答無傷大雅，無關緊要，可以做回
答。

二、如果認為所問的問題與工作無關，可以要求僱主
解釋所提的問題與工作有什麼樣的關係。如果解

釋的合理並與工作有關,回答對自己來說也無關
緊要,可以用輕鬆、幽默的方式回應。

三、如果提出的問題使感到很為難,感覺很不舒服,
可以向提問的人要他的名片,並明確的向提問人
表示,他問的問題是不恰當的,自己將要向「平
等就業機會委員會(EEOC:Equal Employment Op-
portunity Commission)」投訴。很多公司怕EEOC
找麻煩,當應聘者提出要投訴後,很可能會當場
錄用。不過,應聘者也要考慮是否在這家對自己
已有成見的公司做事。

四、如果感覺所問的問題確實侵犯了個人的權利,可
以直接向EEOC投訴。EEOC的電話是: 1(800)669-
4000。一旦EEOC介入調查後,應聘者很可能因此
得到這份工作,或僱主不敢隨便解僱,或因此加
薪昇遷。不過,公司也有可能認為你是麻煩的製
造者,或找機會解聘你。

67．簽署勞工合約的法律問題？

大部份中小企業在聘用員工時與不與員工簽訂合約。大部
份州,如加州,僱主與僱員之間的勞工關係是一種隨意合約的
形式,即僱主可以隨時解聘員工,當然員工也可以隨時離職。
不過,一些僱主為保護自己往往會要求員工填寫一些就業協

議。在與僱主簽訂就業協議時，有兩個問題應該注意：

一、不競爭條款。一般的不競爭條款規定，員工在離職後的一段時間內，不能為僱主的競爭對手工作，或在僱主的附近設立公司從事與原公司相近的業務。不競爭條款的目的，是僱主避免增加新的競爭對手。如果合約中有這樣的條款，對僱員十分不利，僱員在未來的創業或就業會受到限制。在簽署前僱員最好讓自己的律師過目，因為僱員違反此條款時，僱主可以這不競爭條款來告離職的僱員。如果僱主以這個條款告上法院，大多數法官會認為這是一個有效的合約。如果條款確實對僱員限制很嚴影響到僱員未來的就業和生活，法官會修改這個條款使之更為公平合理。

二、保密條約。保密條約要求僱員在離職後或在職期間，不能透露公司的商業機密。商業機密包括商業計劃、產品技術資料、商品的價格、促銷計劃、新產品和新發明、商標、電腦軟體及客戶名單等。僱主可以與僱員單獨簽保密條約，也可以把保密條約列入在員工手冊中，只要在員工手冊上簽字，就等於知道並接受保密條約。簽約之前，同樣應該找律師看一下，看看條約中的內容對是否會影響到將來尋找工作的機會。如果簽訂保密條約，僱主可以禁止簽約僱員使用這些商業機密。僱主也可能以此條約狀告離職僱員的新僱

主，爭取收回離職僱員使用他獲取的商業機密爲
新公司獲取到的所有利潤。

特別應該提出注意的是，在高科技公司工作的一些華裔科
學工作者，在把自己取得的成果帶回國、或帶到另外的公司、
或帶到自己成立的公司時，如果處理不當，會被刑事指控偷盜
商業機密。因爲科研成果是公司商業機密的一部份，雖然員工
是開發參考者，但是他們是受聘於公司，其研究成果也屬公司
的財產，因而，如果員工未經允許把商業機密拿走，僱主可以
報警，僱員可能因此而吃上官司。即使沒有保密條約，僱員也
應該知道，在使用公司資料時，哪些是可以使用？哪些使用後
可能會涉及到刑事責任？

68. 工作時被歧視該怎麼辦？

聯邦政府爲了反對歧視行爲，通過了一系列的反歧視法
案。最常用的有1963年通過的「公平工資法案(Equal Pay
Act)」，禁止僱主因爲員工的性別不同而付給不同的工資，實
行男女同工同酬；1964年通過的民權法案，在這個法案中的第
七章規定，如果僱主雇傭的員工超過十五個人以上，僱主不能
因爲員工的膚色、種族、宗教、性別及出生國籍而有歧視的行
爲；1976年通過的「年齡歧視法案」，禁止僱主對四十歲以上
的僱員有區別對待的行爲；還有「殘障法案」，這個法案禁止

僱主因為員工有殘障或身體有缺陷而進行歧視；「懷孕歧視法案」，禁止僱主因為僱員懷孕而開除、不聘用及或因為僱員懷孕請假而停止她們就業。

如果僱員感到自己受到了歧視，首先應該向僱主反映，要求僱主進行調查並進行改正。反映時應該以書面的形式，寫清楚事情的經過，便於在僱主沒有採取措施後需要進一步投訴時，有一個依據。

如果向僱主反映後問題沒有得到解決，應該向執行聯盟政府反歧視法案的機構「平等就業委員(EEOC)」進行投訴。投訴的好處是，如果僱員是因為投訴才遭到僱主的解雇，僱主則觸犯了聯邦法律，將受到懲罰。法律要求投訴必須在事發的一百八十天內進行，投訴時要準備好證明工作表現良好的證據、事情發生的經過，當然如果有在場的第三人作證更好。EEOC經過調查後發現是僱主的問題，將要求僱主聘用這個員工、或者是重新聘用、或者是提昇，如果僱員這段期間被停薪，政府將要求僱主補發薪水。一般情況下，EEOC會在一百八十天之內做出決定。如果EEOC沒有做出決定，將會給投訴的僱員一封信，通知僱員可以去法院上告，但須在收到信後九十天內實施。如果僱員贏得官司，僱主將對僱員賠償，包括僱員的律師費用。

很多州都有類似EEOC這樣的機構去執行聯邦政府的反歧視法，而且規定比EEOC可能還會嚴格，應該向州裡這樣的機構投訴。可以通過EEOC查詢本州的這類機構。

EEOC的聯絡地址是：Equal Employment Opportunity Commission, 1801 L Street, N.W., Washington DC 20507，

電話：1(800) 669-4000，網址：www.eeoc.gov.。

此外，聯邦政府及州政府都有最低工資額的限制，如果你覺得僱主違反最低工資法，或僱主有歧視的行爲，也可以向美國勞工部聯絡：Department of Labor, 200 Constitution Avenue, N.W., Room C-4327, Washington, DC 20210，電話：1(202) 501-6653，網址：www.dol.gov。

69. 工作遇性騷擾時該如何處理？

從上個世紀的60年代到70年代，美國的女性又開始逐步地走上了工作崗位。華裔社區也是如此，隨著新移民的增加，夫妻都上班的雙職工家庭逐漸增多。東方女性溫柔的特質，有別於主流社會的女性，因此也往往成爲性騷擾的對象。

很多人誤以爲，性騷擾一定是要像強暴、性侵犯之類的肢體騷擾。其實不然，除肢體方面的性騷擾外，因爲職員不滿足或回答主管提出的涉及到性方面的要求，或拒絕主管不當要求而導致失去工作或升遷的機會、或公司主管及同事，經常說黃色笑話，造成一個非常不友善的和惡意的工作環境使異性員工工作時提心吊膽，心情很不舒服等，在法律上也構成了性騷擾行爲。

還要注意，性騷擾不僅發生在男人對女人，在男人對男人、女人對女人和女人對男人之間也存在著性騷擾的問題。性騷擾除了表現在行爲方面之外，口頭上的言語或在辦公室展示

的一些東西都可能造成一個不友善的和充滿惡意的氣氛，如展示《花花公子》上的一些照片、傳閱成人雜誌等。但是這些現象只是偶爾發生還構不成性騷擾，但是如果是經常性的發生可以構成性騷擾的行為。

許多性騷擾的表現並不明顯，但在法律也可以構成性騷擾。如在辦公室講黃色笑話，說者無意，但是聽者有心，很可能有些人認為是衝自己來的，自己受到了侵犯。

另有一種情況稱為間接性騷擾。例如同是女性，有人因為與主管有性方面的關係而到了加薪或晉升，而有人因為沒有滿足主管性的要求而沒有得到這樣的機會，這就對那名女性構成了間接的性騷擾。

如果遭受到了性騷擾，首先應該直接對進行性騷擾的人講清楚，要求立刻停止性騷擾的行為。第二應該向公司的主管投訴。每個公司都有自己的處理方式和程序。第三要對受到性騷擾及進行上述的過程要作好記錄。第四可以向EEOC進行投訴。第五，如果問題非常嚴重以至於影響自己的聲譽和工作，可以通過民事訴訟的方式狀告僱主、主管或性騷擾者的性騷擾行為。

70．僱員被解聘的理由？

在沒有合約及不涉及到違反民權的情況下，僱主可以隨時解聘員工。縱使僱主與僱員簽有合約，僱主仍可以合法地解聘

員工。當然僱主在解聘時要有一些合法理由。如果僱主發現僱員向政府管理舉報公司的違法行爲，或行使自己的權利，如向EEOC投訴公司歧視，而採取報復性解聘，是屬非法的行爲。有些州規定，解聘員工一定要有合理的理由，只要合理，解聘就被認爲是合法的。通常的合理理由有：

一、員工不服從公司的分配或上司的命令。

二、員工在申請工作，沒有如實的填寫表格，提供一
　　些不實的資料。

三、員工曠工或上班遲到。

四、員工工作效率低下。

五、員工缺少工作能力。

六、員工工作粗心大意，經常出差錯。

七、員工在工作場所睡覺。

八、員工違反公司工作安全規定或條例。

九、員工騷擾同事，給同事造成很大困擾。

十、員工偷竊公司財產。

十一、員工在工作場所打架鬥毆。

十二、員工在工作場所聚衆賭博。

十三、員工在工作場所酗酒、吸毒。

十四、員工在工作期間犯罪。

十五、員工未經僱主同意兼職其他工作。

　　上面列舉的只是僱主解聘員工時經常用到的一些理由，要瞭解所在地的僱主解聘僱員時是否一定要有理由，在很多情況

下，僱員只要觸犯了上述中的一條，就會被僱主解聘。如加州，僱主解聘員工不需要任何的理由，法律上也沒有規定僱主解聘職員時有預先通知。但是有的僱主提前一個月或更長的時間通知僱員將被解聘，這是出於一種人道的考慮，許多州並沒有硬性規定僱主必須這樣作。

71．保護職員的兩項重要勞工法案？

美國勞工法主要是保護弱勢團體，如殘障人士，女性等。其中有二項影響員工較大的法案，可能有助於新移民。

第一項是美國殘障人士法案。殘障(Disability)的定義是：重大的身體和精神上的缺陷而沒有辦法完成日常生活中基本的活動，如缺少走路、聽、看、學習等方面其中之一的能力。根據法院的解釋，愛滋病患者也被列為傷殘人士。傷殘者的範圍也包括已經傷殘、現在已經痊癒的人士。美國的殘障者法案主要的是保護傷殘者能有就業的機會，並在工作中不受到歧視。傷殘法案適用於十五名員工以上的公司。實施傷殘法案需要注意的是：

一、在申請工作時，僱主不能詢問申請人有關身體能力方面的問題，除非所從事的工作要求所有的員工都要經過體檢。如果單獨對申請者做體檢，屬於一種歧視行為。在所有的員工都體檢的情況下，如果檢查出某位申請者或僱員有傷殘，但是

這種傷殘並不影響工作，僱主不能因此傷殘而不聘請申請人或解聘這位僱員。

二、僱主必須向傷殘員工提供一個安全的環境，如提供殘障人士專用的路、衛生間為傷殘人士設立專門的位置和設施等。如果僱主設立這樣的設施有巨大的困難，可以不予提供，但是要有足夠的證據；或者是僱主雖然設立了這樣的設施，但還是不能滿足傷殘人士的需求或無法保障傷殘人士的安全，僱主有責任提供足夠的證據向政府證明確實沒有能力做進一步改善，如果改善將為自己帶來更大的負擔。

第二項是有利職員照顧家人的家事假法案。1993年，聯邦政府通過了「家事及醫療法案」。這個法案允許僱員因為家事請長達十二個星期的假，在員工請假期間僱主可以不支付薪水。法案所規定的家事範圍有：

一、僱員自己或配偶生孩子、僱員領養小孩。

二、照顧病重的配偶、子女和父母。

三、僱員本人有嚴重的健康問題。所謂嚴重健康問題是指因病住院至少一天晚上以上、由於個人的身體原因連續三天沒有上班、因病在長期治療，醫生也能提供因健康情況不宜上班的證明。

在上述三種情況下可以請家事假。如果員工請家事假，僱主可以要求員工提供有關證明。家事假適用於五十名員工以上的企業，請假的員工也必須具備在該企業工作一年以上的資歷。一種例外是，如果僱員的工資收入名列在該企業最高工資收入的前百分之十，這位僱員不能享受家事假。

在有些州如加州、紐約州和夏威夷州，在請家事假期間，可以申請領取臨時傷殘保險來作為這段時間的收入。其他州並沒有這方面的優待。

72. 員工福利：退休金及社會安全金

一、退休金

法律並沒有強制性的要求僱主向僱員提供退休金。但是如果僱主提供退休金，僱主不能只向一、二名員工提供，應該制訂出資格標準及規定，一視同仁，向所有符合資格的員工提供。

退休金分為兩類。第一類是「Defined Contribution Plan」，可以理解為補助性退休金，即僱主提供一部份、員工自己拿出一部份作為退休金。如401(k)、403(b)、公司利潤分成計劃及公司股票購買權的優惠等，這些都是由僱主和員工共同提供未來作員工自己的退休金。

第二類是「Defined Benefit」，即公司單方面向僱員提供退休金。僱主保證僱員在退休時能獲取到這筆退休金，因而這

類的退休金一般都購買聯邦政府的保證(Bond)。

退休金在離職時都可以帶走，並且還可以用作投資，職員應與自己的會計師討論一下，看看如何得到更好的保障。

二、社會安全金

根據美國法律，在美國工作十年或四十個季度以上，每月都交付社會安全金的員工，在退休之後或傷殘的情況下，可以向政府申請領取社會安全福利金，領取的金額按個人交納社會安全金的情況進行計算。

美國法定的退休年齡爲六十五歲，退休後就可以申請社安金。如果需要提前退休而且年齡在六十二歲以上，也可以提早申請領取，但是不能全額領取。傷殘者經醫生證實沒有工作能力並且時間在十二個月以上，也可以申請領取社安金。

以前規定，退休後領取社安金後又找到了工作，會影響社安金的領取。在2002年國會通過了一項法案，鼓勵老年人退休後發揮餘熱在晚年繼續爲社會工作，因此六十五歲以上的老人繼續工作所得到的薪水，不會影響社安金的領取。

法律規定，社會安全局每年都要向繳納社安金的人提供SSA1099表格。通過這個表格員工可以知道，目前已經向社安局繳納了多少錢，退休後可以領取多少社安金。員工也可以通過這個表格發現一些問題，如僱主已經替僱員存放社安金，但是表格上並沒有體現出來，在這種情況可能是僱員的社會安全號碼發生了錯誤，僱主存的錢記在了別人的帳上。因此對社安局每年寄來的表格，要認眞的進行檢查，如果發現問題，要及

時的與社安局聯繫進行澄清或要求更正。社安署的網址為：www.ssa.gov。

第八章 醫療與法律

73. 病人有那些權利？

　　華裔社區經常發生一些新移民在遇到一些意外的情況後去醫院，不知道該怎麼辦，面對一大堆醫院的帳單也不知道如何處理，不清楚自己有哪些權利。雖然法律上沒有規定病人的權利，但是美國醫院協會對病人的權利做了規定，絕大多數美國的醫院也認可美國醫院協會所做的規定。歸納起來病人的權利如下：

一、病人在醫院接受治療時，應該得到細心的照料，得到醫護人員的尊重。

二、病人有權知道自己的病狀及治療措施。

三、病人有權利拒絕接受治療。

四、病人有權利對自己的病狀、治療等相關情況的資料保密。

　　美國的醫院有公立醫院和私立醫院之分，私立醫院又有盈利和非盈利之分。醫院的性質不同，管理的方式及接收病人的方式也不同。近幾年來盛行家庭醫療健康保健系統(HMO)，HMO這種管理體系用家庭醫生或全科醫生(Primary Care)的方式對所有的病人進行過濾，但是對於需要看專科醫生的病人來說，

因為保險公司須要付較高的費用，所以受到了很大限制。很多
病人由於沒有得到專科醫生的及時治療而耽誤了病情，引發了
很多訴訟。為此加州政府立法在下面的三個方面加強了對參加
HMO計劃的管理。

一、病人有權利儘快地得到專科醫生的治療。

二、HMO的醫院系統必須向病人提供一個快速上訴程
序，一旦HMO拒絕向病人提供專科醫生，病人有權
能夠儘快上訴而不耽誤病情得到及時的治療。

三、延誤責任。如果是由於HMO的疏忽，使得病人沒有
得到及時的治療導致病情惡化或死亡，如果病患
及家屬能夠證實HMO的疏忽，可以將HMO告上法
庭。

每個醫院都設有「病人代表(Patient Representa-
tive)」，雖然這個病人代表也是醫院的員工，但是他們的職
責是幫助病人與醫院的管理部門進行溝通。如果病人覺得自己
的權利受到了侵犯，可以向醫院的病人代表反映。在採取法律
行動之前，看看通過病人的代言人能否解決問題。

74. 尋求醫療服務遇到歧視怎麼辦？

在美國，每個人在成為醫生之前都要宣誓，宣誓中表示，
醫生有責任向任何一個需要的人提供醫療服務。但是在現實生

活中，由於美國是一個資本主義社會，如果沒有錢，很多醫院或醫生都不願意提供醫療服務。醫療服務並非是民眾本來就有的法律權利。不過在下面列舉的情況下，即使沒有錢，也應該得到醫療服務。

一、公立醫院。公立醫院是用納稅人的錢建立的，即使民眾沒有保險，也有責任向民眾提供醫療服務。但是越來越多的公立醫院開始查詢病患者的移民身份，如果病患者沒有合法身份，醫院只願意提供最基本的急救性服務。

二、醫生。無論是私立醫院還是公立醫院的醫生，都不能因為膚色、種族、宗教、出生地、國籍和傷殘對病患進行歧視。如果醫生的歧視行為是一貫的而且被證實，可以被指控。

三、HMO。健康醫療組織不能因為病患的膚色、種族、宗教、出生地、國籍和傷殘進行歧視。

四、愛滋病也被列入受保護的殘障的病症，因此醫生不能拒絕治療愛滋病患者。

五、急診。如果醫院接受聯邦醫療保險，即使急診患者沒有醫療保險，醫院也必須向民眾提供急救服務，直到病人的病情穩定為止。法律規定，因為醫院拿到了聯邦的經費，參加了聯邦的醫療系統，就要責任向民眾提供服務。如果這類的醫院拒收急診病人，則構成了違法行為。

　　消費者還必須知道，如果民眾因身體問題打「911」緊急電話，警局調度員會派遣救護車援助，如果救護車屬於市政府或是與政府簽約的，病患者將被急救者送到距離最近的醫院，而病患及家屬沒有選擇醫院的權利。如果救護車是屬於私人的而且不屬急診性質，病患及家屬可以要求去指定的醫院或需要去的地方。

75. 醫療保險法律常識！

　　在美國生活，醫療保險非常重要。由於醫療費用非常昂貴，即使你是百萬富翁，住幾次醫院之後也可能變成一介貧民，因此要購買必要的、足夠的醫療保險。不過由於大部份保險公司是私營企業，因此對購買醫療保險者有一定的條件限制。消費者在購買健康醫療保險時應該特別小心：

　　一、保險公司可以制定出自己的規定，可以拒絕向不
　　　　符合條件者出售醫療保險。

　　二、保險公司有權拒絕向現時正患某些疾病的申請者
　　　　出售醫療保險。例如，癌症患者的醫療費用非常
　　　　高，大部份保險公司都不願意做這類虧本生意。

　　三、保險公司在處理高風險的申請者時不拒絕，但保
　　　　險的費用調高，或者是保某一類的疾病但是不保
　　　　其他類的疾病。不過，許多州都實施強制性的要
　　　　求，規定保險公司向所謂「高風險」的民眾提供

保險，但是保險的費率要比普通民眾的保險費率高出百分之二十五到百分之二百。因而，民眾如果無法購買醫療保險，可以向當地的保險局求助，看看有無強制性的計劃。

許多公司都會向員工提供醫療保險。殘障法案規定，僱主不能因為求職人員或僱員因殘障醫療保險費高而不聘用或解聘、不能對求職人員或僱員醫療體檢後發現身體健康才予以錄用或續聘，當然也不能單獨地要求殘障人士進行醫療體檢。

當僱主不主動問僱員的現有病情時，僱員沒有義務去主動告訴僱主目前是否有病；如果僱主後來發現僱員有病，不得以這個理由解聘這位僱員。但是要注意，即使僱主聘請了這位有病的僱員，法律上並沒有規定僱主的保險公司一定要向僱員提供醫療保險。

另外一類保險是勞工賠償保險，主要是萬一員工在工作場所或在外面替公司辦事時發生意外，而造成人身傷害，保險公司將向員工提供醫療費用以及損失的工資等。每個州政府都要求僱主替所有的員工提供勞工賠償保險。萬一僱主沒有替員工購買這類保險而員工在工作時受傷，員工可以向州政府的勞工賠償基金會申請，州政府再向僱主追回所有的賠償並要求僱主支付大筆的罰金.

76．無力購買保險怎麼辦？

　　醫療保險分爲三大類，第一類是私人或公司購買的醫療保險；第二類是聯邦政府向退休人士及殘障人士所提供的醫療保險；第三類是州政府對低收入者提供的醫療補助計劃。

　　一、私人醫療保險。目前流行HMO和PPO這兩種分兩種情況：

　　　　1．HMO。所謂HMO是指病人由指定的家庭醫生看病，無論病人是否去看病，家庭醫生每個月都向保險公司收取固定的費用。如果需要看專科醫生，要由家庭醫生介紹並取得HMO的同意才可以。

　　　　2．PPO。PPO可以有選擇更多醫生的權利，如選擇專科醫生。PPO計劃專科醫生的手續要簡單的多。

　　　　HMO和PPO可以自己買，也可以由僱主買。在大多數情況，是僱主出一部份錢，僱員出一部份錢來購買。美國法律沒有強制性的規定，一定要僱主爲僱員購買保險，但是爲了給員工更多的福利，大多數僱主還是會給員工買醫療保險的。

　　二、聯邦政府提供的醫療保險。如果在美國工作十年或工作四十個季度，到六十五歲退休時就可以申請聯邦政府的醫療保險，也就是「Medicare」。「Medicare」爲六十五歲以上的老人提供保險，

如果未滿六十五歲但是有殘障，需要經常看醫生的也可以申請。還有一種情況是對患有嚴重腎病經常需要洗腎的患者，沒有年齡的要求，也可以申請。正常情況下，在六十五歲退休申請領取社安金的同時，就可以申請「Medicare」。

「Medicare」有兩個部份。第一個部份是「Hospital Insurance（Part A）」，這部份是保住院的部份，如住院及進入老人康復中心時，聯邦政府就會支付大部份的開支。第二部份是治療部份，（俗稱Part B），主要包括病人平常看醫生的費用，做X光及其他常規檢查的費用。「Medicare」可以支付大部份的醫療費用，但是有少部份的費用需要個人支付。

三、州對低收入者提供的醫療補助計劃。每個州都有向工作沒有超過十年的年長者提供醫療補助。加州對低收入年長者提供的醫療補助計劃叫「MediCal」。對於低收入者，如果工作十年以上，自己無法支付「Medicare」中自己所承擔的部份，「Medical」可以幫助支付。即使沒有在美國工作過，只要是低收入家庭，「Medical」也可以幫助支付。有的州也限制申請醫療補助計劃的資格，例如要求申請者必須具備永久居民（即綠卡）的身份，必須在該州居住超過一年等。

77．我有權墮胎嗎？

　　美國憲法第十四項修正案，授予民眾墮胎的權利。在一個叫作《羅依對維德》著名判案中及以後的墮胎權利的判案中，法院裁定在胎兒仍未成形前，婦女有權決定墮胎。如果懷孕女子年滿十八歲，沒有必要徵得其結婚的配偶或沒有結婚的同伴的同意就可以決定墮胎。

　　反墮胎人士認為懷孕是上帝的按排，民眾應珍惜生命，往往想方設法勸說懷孕女子不要去墮胎。但是女權團體則認為墮胎是女性的自主權，女性有權決定如何處理自己的身體。

　　由於每個州對於胎兒成形的定義不一樣，有的州嚴格一些，有的州鬆一些，因此允許婦女選擇到別的州墮胎。對於婦女墮胎，有些州會有些限制，如堪薩斯(Kansas)、內佈拉斯卡(Nebraska)、北達科他(North Dakota)、俄亥俄(Ohio)、賓夕法尼亞(Pennsylvania)和猶他(Utah)州。這些州對墮胎的限制有：

一、要求墮胎人士等候二十四小時至四十八小時才進行墮胎，

二、向墮胎人提供墮胎的利與弊，以及雙方的資料。

三、在墮胎人知道自己的權利後再實施墮胎。

　　對未成年女性的墮胎，法律有更嚴格的限制。一般情況下，必須通知雙方的家長、或單方的家長、或成人監護人，並徵得他們的同意後才可進行墮胎。

有一個全國最大的墮胎組織叫「Planned Parenthood」，為民眾提供墮胎的法律服務，電話是1(800)230-7526，網站 www.plannedparenthood.org，該網站提供每個州的墮胎法律規定。

全美五十個州都有法律規定，未成年人可以不經過父母同意而取得避孕藥。許多獲取到聯邦政府資助的診所都不經青少年的父母就向青少年提供避孕藥，這並非違法的作法。

78. 醫療記錄的法律問題？

對於個人來說，自己的醫療記錄是一份重要的、經常用到的資料。特別是新移民可能會經常搬遷，無論走到哪裡都應該帶著自己的醫療記錄，便於在看病時醫生對以前的病情、治療情況及用藥情況有所瞭解。法律規定，患者有權索取自己的病例資料，但是需要書面提出申請，並支付複印的費用。很多州為此已經立法，明確規定醫院及醫生有責任向病人提供他們個人的資料。即使沒有立法的州也有所謂的「默許權」，即允許患者有權知道自己的病例資料。

醫生享受律師和牧師一樣的保密特權，任何人，包括法院在內，都不能強迫醫生透露或討論病人的病情或病因（除下述的例外情況外）。因為病例涉及到醫生與患者之間的保密權利，所以未經病患本人允許，醫生不能向患者的家屬談論患者的病情，只有在病人的同意下，才能與他人討論病人的病情，

但是醫生可以與其他的醫生、護士及其他醫療人員討論病人的病情。

在下述的情況下，即使醫生和病人之間有保密的協議，醫生必須向政府部門報告患者的病情而不受到保密法規的限制。第一，孩子的出生，醫生必須向當地政府主管人口記錄的機構報告；第二，病人的死亡，如果是自然死亡的，醫生必須向當地政府主管人口記錄的機構報備，如果是非自然死亡者，醫生必須向當地驗屍官辦公室報告；第三，病人是槍傷的話，醫生應向警方報告；第四，如果發現兒童受傷是與虐待有關，醫生必須向警方或兒童保護機構聯絡；第五，如果證實病患者患有愛滋病，醫生有責任報告衛生管理部門，但不能透露病患者的姓名。

另外，心理醫生在治療中發現患者有意圖去傷害他人，這位醫生有責任去警告患者意圖傷害的人，以讓受害方做出安全預防措施。加州大學柏克萊分校有一個案例，一名學生對他的心理醫生說要殺害另一名學生，但是這位心理醫生並沒有採取任何措施向那位學生發出安全警告，法院裁定這位心理醫生負有法律責任。

79. 告知同意(Informed Consent)是什麼？

所謂告知同意是在治療的過程中，治療的醫生必須向病人提供足夠的資料，讓病人作出明智的選擇，病人是在清楚瞭解

到所有情況下才作出的同意決定。醫生向病人告知的內容包括治療所帶來的風險、治療的成功率有多高和有無其他治療方法的選擇等。

在實際治療的過程中，告知同意對於外科手術更加重要，醫生必須讓病人全部理解手術過程中的風險。在下述情況下，病人的同意才算有效：

一、病人必須在十八歲或二十一歲以上（每個州對年齡的規定有所不同），如果低於這個年齡，孩子的父母或監護人在被告知所有風險後才有權利決定。

二、病人必須是精神狀況良好，有能力去理解治療的過程及進行決定。如果病人在精神狀態欠佳，無法理解和知道所存在的風險，即使病人同意，法律上也難站得住腳。

三、病人必須是在自願的、不受外力的壓力下做出的同意決定。醫生或及其醫務人員，或者外界人士不得強迫病人同意。

告知同意是醫生保護自己的一種措施，如果將來病人要告醫療失誤時，醫生往往會拿出病人簽署的風險告知書及同意書，來證實醫生在手術前已向病人解釋過風險，並且病人同意承擔這一風險而允許醫生進行這一手術。許多新移民的病人由於英文不懂，有些醫生根本沒有向病人解釋醫療風險就叫病人簽字，結果事故發生後，在風險告知書及同意書上都有自己的簽字，病人在法庭上很難辯稱自己不知道風險。因而，如果醫

生要病人簽署風險告知書時，病人應在簽字前仔細瞭解其中的
風險。

　　儘管進行大手術往往都要徵得病人的告知同意，但是如果
病人病情非常緊急，已經威脅到其生命安全的情況下，醫生不
須要經任何人同意，可以採取各種措施去搶救病人。

　　如果病人由於精神方面的原因或年齡小而自己無法及沒有
能力做出決定時，病人的配偶、成年子女、父母及最親近的親
屬，都可以為病人做出治療的決定。當然，為了避免這方面問
題的發生，可以事先簽署醫療授權書，讓病人先行決定如果發
生上述情況自己不能做出決定時，指定一位可以做決定的人。
病人也可以預立生前遺囑，授權醫生，如果發生無法搶救或搶
救已經無效的情況，病人不願意在繼續拖延時間、允許醫生不
再採取任何搶救措施。

80．如何處理醫療過失事件？

　　整體上看美國的法律是保護消費者的。但是一些醫生的團
體和組織具有很強的政治影響力，因此在醫療方面的法律比較
有利於醫生。在美國要成為醫生不容易，他們需要大學本科畢
業後，念四年的醫學院，然後還要有三到五年的實習期，在正
式成為醫生之前將受到相當嚴格的訓練。儘管如此，醫生也難
免有疏忽或大意的時候，有的患者對醫生診斷及治療的結果也
很不滿意，由此造成了醫患之間的醫療糾紛，其中的一部份就

是醫療過失及誤診的問題。

　　如果民眾認為醫生出現了誤診的問題，可以狀告醫生。但是對於界定醫生誤診的標準，每個州可能會有所不同。一般對醫療過失的解釋是，醫生沒有履行其職責，或沒有按照其職業標準實施治療，或過失或粗心大意且沒有用正確的方法對病人採取必要治療或錯誤診斷，從而延誤病人的病情，給病人造成損失。例如，病人對某種藥物過敏或有反應，醫生在沒有仔細詢問病人用藥的情況給病人開了這種藥，這就構成了醫療過失。再如實施外科手術，在縫合刀口時把紗布及棉球等物留在病人的體內。這些都是比較明顯的醫療過失的例子。

　　在很多的醫療糾紛案例中，要證明醫生的醫療過失有一定難度的。解決醫療糾紛除了要聘請律師外，還要請具有醫生背景的專家，這位專家必須解釋在一般醫生對某一類疾病治療的程序及通常的作法，由此來證明該名被告醫生並沒有像其他一般的醫生一樣履行其醫生職責，從而造成醫療過失或誤診事件。

　　要確定醫療事故中醫生是否有責任相當困難，因為醫療的過程本身就具有風險，尤其是醫生為避免這類官司都會要求病人簽署上節所說的告知同意書，表示醫生已向病人解釋過治療方面的風險，並且病人同意接受這些風險。例如做手術時醫生對患者說，做這個手術風險很大，可能會導致死亡，結果很不幸，這個病人真的死了。出現這種意外的情況，不能算做是醫生的過失，是手術本身的一種風險。風險告知書及同意往往是醫生辯護的重要證據。

很多州為了保護醫生的利益，在對醫療過失案件有一些限制，主要是因為一個醫療事故使得一個醫療中心不能開業或破產，將使醫生無法繼續為社會上的民眾提供醫療服務，所以有些州對醫療事故的賠償額做出限制，如加州規定，一般醫療過失事故最高的賠償不能超過二十五萬元。對醫療事故賠償時間的限制有兩種情況，一種是在醫療過失發生的一到三年內必須上告，這種限制對醫生有利；另一種是在病人發現醫療過失以後的一到三年必須提出訴訟。很多情況下的醫療過失當時並沒有明顯的症狀，往往過很長時間後病人才發現，因此這種限制給患者足夠的時間來保護自己，對患者有利。

打醫療糾紛的官司須要非常專業的律師，投資也非常大，但是應該多找幾個律師，以後請專家對案子進行評估，看看究竟有沒有過失。醫療糾紛案子中的醫療過失確認，是非常花時間的，費用也很高，在選擇律師時應該特別謹慎。

81. 如何準備醫療授權書(Power of Attorney)？

授權的意義就是授權人委託被授權者替自己作出決定。授權書可以是很大範圍的授權，如被授權人是全權代表，負責處理所有的事情；授權書也可以是局限在某一方面，範圍比較小，例如被授權人只負責某一方面或一件事的處理。授權書應該在事情開始之前就作好，如在手術之前。

法律上沒有強制要求授權書一定要進行公證，但是銀行、

醫院及貸款公司等希望授權書要正式一些，必須要有公證及證人，因此為避免將來的麻煩，在議定授權書時最好有公證和證人。授權書最好設有時間方面的限制，如果沒有時間限制，將會被誤以為是永久性的。授權人可以隨時取消或更改授權書，但是要把取消的聲令或更改的內容要以書面的形式寫下來，在公證員前進行公證並提供證人，將取消書或修改後的授權書一併送給被授權人。最好有證人或郵件回執來證實被授權人有收到取消或更改授權書。

授權書除了用於醫療方面外，也可以用於處理銀行業務等其他的方面，因為授權書具有法律效力，民眾特別是新移民在簽署授權書時一定要知道授權書的內容。一些新移民在開設銀行帳戶時已經授權給朋友但是自己並不知情，已經簽署的一些文件也不知道是什麼東西，直到自己的錢被委託人轉移走，才知道授權書是怎麼一回事。因為銀行是根據你簽署的授權書辦事，縱使你沒有同意將錢取走，因為有人持著你的授權書前來領錢，銀行不能不按照被授權人的意思去做。

簽署授權書的時候，重要的是要知道授權書的內容，在選擇被授權人的時候，要找自己信得過的人，因為通過授權書可以拿走授權人的財產。在簽署醫療授權書時也是一樣，一定要找信得過的朋友作決定。特別是在作手術的過程中，當時人無法表達自己的意見，或在生命危急的時候，被授權人有權決定授權人的生死。在病人靠生命維護器來維持生命的時候，被授權人有權決定繼續使用，或撤掉讓病人在沒有痛苦的情況下死去。因而，作出授權書時要格外小心。

第九章 家庭與法律

82. 美國結婚的資格及手續如何？

結婚是一件人生大事，不過很多人認為這是一件私人的事情，但是從法律的角度看，結婚卻是一件社會的事情。在美國，男女結婚既是個人合約，也是一個社會合約，與一般的合約不同，政府要參與結婚合約。例如，結婚要向政府領取結婚執照，取得政府的認可；而離婚時，並不像其他合約一樣只要雙方同意就可以解除，也需要政府的認可，這是因為離婚會帶來社會問題，例如雙方對孩子都不負責任，政府必須負責任。

在婚姻關係中，除了要考慮愛情方面的因素外，還要考慮法律方面的問題，如財產。很多州有所謂「共同財產(Community Property)」法律，即結婚期間的財產、所賺的錢或者是債務，是屬於雙方的。不過在婚姻期間個人收到的禮物、個人遺產的繼承、人體傷害的賠償、結婚前已經獲得的退休金等，仍屬私人財產。

在婚姻中也有一些權利，如可以共同付稅(File Joint Tax Return)。共同付稅的稅率要比單人交稅的稅率低。如一方收入很高，另一方收入很低，結婚後雙方共同付稅，稅率就會降低。

美國法律規定，無論宗教信仰如何，一個人同時只能與另

外一個人維持婚姻關係，這就是美國的一夫一妻制，否則就犯了重婚罪。在年齡十八歲以上、精神狀態健康良好而不是處於壓抑或不清醒的狀態、沒有精神病的情況下，任何成人都可以做出結婚的決定。對同性戀者，只有極少數州如夏威夷州承認同性結婚，大部份州不承認同性戀者結婚。不過越來越多州的承認同性戀同居的合法性，而允許向同性戀同居者享受夫妻的待遇或權利，如保險等。

由於政府的管理，結婚須要兩道程序。第一是要到郡政府的書記官處(County Clerk)領取結婚申請表格。很多州會要求領取結婚申請表的人去驗血，檢查是否有愛滋病，並送給一些預防愛滋病的宣傳資料。申請結婚執照需要交費，也不會馬上拿到，須要等幾個星期，因此申請執照的時間與結婚的時間要協調好，不能太遲，當然也不能太早，因為結婚執照有時間上的限制，一般的有效期是幾個月。

領到結婚執照後，第二步程序是取得官方對婚姻的認可。所謂官方認可，就是要有官方認可的人員主持結婚的儀式或宣誓簽字。可以擔任主婚人的有政府的書記官、法官、法院書記官、政府核准的牧師、經過政府授權的人等。

一般要求結婚的過程要有證人見證，並簽字確認。一旦完成結婚儀式並將結婚見證的確認書交到政府，婚姻立即生效。

83. 婚前的協議有法律效用嗎？

結婚後的雙方組成了一個家庭，雙方都帶有各自的財產及包袱。爲了預防日後的不測，最好在結婚前對各自所帶來的財產進行明細登記，包括結婚以前的債務情況。特別是對結婚後實行共同財產的州，如果雙方的財產混在一起，很可能出現一方的債務要由另一方負責的情況。配偶雙方最好要保持自己的信用記錄，因此要分清各自的財產，這樣不會相互受影響。

婚前準備還包括重新立遺囑。在結婚、離婚和生小孩等情況下，原來的遺囑失去效力，如果不準備新的遺囑，在沒有遺囑的情況下，如任何一方不幸過世，配偶將自動成爲財產的第一順位繼承人。

婚前準備也包括重新更改保單的受益人。在單身的時候，保單上的受益人可能是父母或兄弟姐妹等。但是結婚後特別是又可能有了孩子，保單上的受益人須要改成配偶或小孩。

由於美國的離婚率及再婚率很高，「婚前協議」成爲許多再婚家庭的必需品。很多人認爲「婚前協議」是富人的專利；也有人認爲，如果要求有「婚前協議」，是不是懷疑對愛情的忠誠，因爲兩個人結婚的目的就是要長久的生活在一起，「婚前協議」沒有必要。

實際上，「婚前協議」已經爲美國社會的民衆普遍接受，許多美國家庭簽署「婚前協議」往往不是爲了防止將來離婚，而是爲了保障前一次婚姻中子女的利益，履行對前一次婚姻的責任。如果是離婚而再婚的人仍然需要履行對以前家庭的責

任，應該做「婚前協議」。

「婚前協議」也是一份合約，具有法律效力。「婚前協議」的內容包括死亡或離婚後的財產分配問題等。法官會對「婚前協議」進行檢查，看看是不是在雙方自願的情況下簽訂的，是否公平合理。例如，男方在婚禮前一天才將「婚前協議」交給女方，並表示如果不簽就取消婚禮，這種做法會被法官認定為不自願的作法。因而，在簽訂「婚前協議」的時候最好向律師諮詢。

84. 如何更換姓名？

中國人來到美國，很多人都有了英文名字。和老美結婚後，有些人也改了自己的名字。可以說，在美國更改姓名是常見的事情，甚至可以說更改名字已經成為了一種傳統或習俗。

有的女性結婚後願意更改自己的名字。其實法律上，沒有規定結婚後就一定要改隨夫姓。特別在60年代的女權運動後，越來越多的女性並沒有改隨夫姓以表示自己的獨立。在法律上，結婚後女性仍然可以保留自己原來的姓名，也可以改隨丈夫的姓，也可以連姓，即在自己的姓後面加上先生的姓。總之，要改什麼名字由自己來決定，將來會在信用報告上顯示出新改的姓名、曾用名和別名等。

更改姓名的情況除了結婚之外，許多民眾為了某種紀念意義、或原來的名字有痛苦的回憶，或為了樹立新的形像等情況

下，都開始改換姓名。美國法律規定，只要年滿十八歲、不是爲了欺詐的目的，自己可以隨意改名字，向別人說自己是什麼名字都可以。

不過，在與政府、銀行、信用卡公司等機構打交道時，任何民眾都必須具備身份證明，因而要官方認可你的新名字，還須要本人去政府部門用書面的方式提出，並提供修改名字的一些證據，如結婚證書等。

更改姓名後，最好能讓新的名字保持一貫性，避免有時使用原來名字，有時使用新的名字。一旦決定使用新的名字，應統一更改下述十一項文件上的名字：

一、出生證明。很多州還可以提供一個附件，證明名字已經改了。

二、駕駛執照。

三、社會安全卡。

四、選民登記。

五、護照。

六、銀行帳戶。

七、信用卡。

八、所有的信件及帳單。

九、稅務資料。

十、投資帳戶。

十一、各種保險單。

爲了使政府的所有部門都知道更改後的名字，可以向先到

法院提出申請。在法院的書記官（Clerk）處領取專用的申請表格，填寫後交給法官審查。只要法官認爲改名沒有什麼可疑的動機，所選用的名字不是色情下流的名字，也不是阿拉伯數字，法官會簽署更改姓名的要求，時間大約在一個月到二個月之間。

85．再婚時應注的事項？

美國社會的離婚率相當高，但是再婚率也很高，由此可見再婚相當流行。如果雙方都沒有小孩，也沒有很大共同財產，往往離婚後再婚，與首次結婚沒有兩樣。但是，如果任何一方以前的婚姻有小孩及配偶贍養費的問題，再婚就變得相當複雜。

法律規定，如果任何一方再婚，將失去前任配偶所支付的贍養費，但是子女的贍養費還是要前任配偶繼續支付。因此，再婚之前，要考慮雙方財務責任的劃分問題，其中包括再婚後的財務問題及對以前家庭的財務責任。

再婚中經常出現的另一種情況是對方或雙方所帶的孩子的問題。如果配偶任何一方在再婚前就有的小孩，在再婚後，將是另一方的繼養小孩(Step Child)。繼養小孩與領養小孩(Adopted Child)不一樣，在法律上而言，繼養小孩仍屬親生父母的責任，只有經過領養(Adoption)的程序，才能成爲自己的子女，否則無法將繼養子女當成自己的子女。

要想辦理領養手續，再婚家庭必須向當地的法院遞交表格，法院會要求社會福利機構的工作人員對領養父母的背景進行調查，並會與小孩及其親生父母面談，瞭解他們各自的意願，法官然後根據這些調查結果來裁定是否同意領養。

　　如果要領養，最好能徵得孩子親生父母的同意。一旦法官同意，完成領養程序後的孩子，就正式成為再婚後家庭的責任，新組家庭必須履行與對自己親生孩子一樣的職責，向孩子提供教育及生活的保證，這些孩子也享有遺產的繼承權。

　　經過領養程序而被再婚家庭領養的的孩子，將失去了與親生父母之間的父母子女關係，將來不能享受繼承親生父母遺產的權利，除非親生父母在遺囑上對遺產的分配有特別的指定。

86. 同居生活的法律問題？

　　很多新移民認為在美國生活很隨便，只要雙方願意，把傢俱合併在一起，就可以毫無牽掛地共同生活，如果雙方都不喜歡了，也可以隨便的分開。實際上在美國，同居者也要承擔一些法律責任及權利。特別是同居後又分居，誰擁有什麼東西往往產生很大的爭議。

　　由於同居是雙方同意的，同居者還不算一個家庭，因此美國的家事法並不適用於此類情形。如果同居者之間產生財物方面的糾紛而告上法庭，法院不是以家事法來審理，一般是根據普通法律中的合同法進行判定。

為了避免日後出現糾紛減少麻煩，同居者最後在同居之前簽署一份書面協議，簽協議時最好要有證人，並進行公證。同居協議中可以有下述的內容：

一、分清財產的歸屬。

二、分清債務的歸屬。

三、分清財產權狀的歸屬。

四、分清各自的財務責任，諸如由誰來支付諸水電費一類的日常生活帳單或每個人支付的種類及比例。

五、分清同居期間各自的家務事。

六、分清分居以後寵物的歸屬。

有些州允許把共同在一起生活的人登記成為「家庭生活夥伴(Domestic Partner)」，主要是因為目前絕大部份州都不承認同性戀者的同居生活為家庭生活。不過，越來越多的州如加州開始承認同居的同性戀者有一定的權利，而開始允許在一起生活的同性戀者登記為家庭生活夥伴，讓他們在保險及福利，以及財產繼承等方面可以享受有配偶的待遇。每個州的規定不一樣，可以向所居住的州政府查詢。

87. 何為普通法婚姻？

先前談到結婚必須要申請執照，也要舉行正式的結婚儀

式，或有政府官員簽字認可方可生效。但是在有些州實行一種叫做「普通法婚姻（Common Law Marriage）」的法律，只要符合這個法律，政府也承認婚姻是合法的。實施普通法婚姻的州有哥倫比亞特區、阿拉巴馬、科羅拉多、愛荷華、堪薩斯、蒙塔納、俄克拉荷馬、賓夕法尼亞、羅德島、南卡羅林納、德州和猶他州。這些州雖然承認普通法婚姻，但是大部份民眾依然透過正式的結婚程序，即先申請執照，然後再舉辦儀式或由政府授權人簽字。

普通法婚姻規定，雙方搬在一起同居後，只要跟外界講雙方已經成為夫妻，在外界眼中，他們已是事實上的夫婦，就可以享受夫妻所具有的權利，如共同交稅、到銀行開共同帳戶。

如果雙方只是住在一起，但是並沒有宣稱對方是配偶，仍然不能算做是夫妻，不具有普通法婚姻所認可的婚姻關係。但是雙方一旦在這些州共同生活並宣佈成為夫妻，普通法婚姻承認為婚姻關係，即使以後搬到外州居住，婚姻關係仍然會得到承認。不過，法律上拒絕承認婚外情的同居關係，或同性戀者的同居關係為普通法婚姻。

還要注意，普通婚姻法所認可的婚姻關係，夫妻雙方並沒有經過正式的結婚儀式，但是如果以這種方法結婚的人以後離婚，還是需要經過法律上所規定的離婚正式程序，也就是得到法院的同意和政府的批准。

88. 家庭暴力案的移民問題？

　　許多新移民因為無法適應美國的環境，不知道如何處理家庭的壓力，往往將小事演變為家庭暴力的案件。家庭暴力案件並非單純的家務事，對新移民來說將涉及到下述三種影響：

一、刑事案。就如刑事章節所述一樣，家庭暴力是刑
　　事犯罪行為。

二、移民身份問題。移民法規定，與美國公民結婚獲
　　得綠卡者，可先獲得臨時綠卡，等到二年後才能
　　獲取到正式綠卡，如果在結婚的二年之內離婚，
　　移民局會懷疑這種婚姻是假的，是以獲取綠卡為
　　目的。但是不幸的是，很多新移民婦女在與美國
　　公民婚姻中，遭受到了家庭暴力，由於涉及到自
　　己的移民身份，這些婦女不敢報警，怕離婚後失
　　去自己的身份而拿不到綠卡，因此忍氣吞聲，備
　　受煎熬。

　　　　1996年國會通過了一項新的法案，允許與美國
　　公民結婚的家庭暴力受害者，不需要維持婚姻二
　　年才能申請正式綠卡，只要證實當時結婚時雙方
　　是真心真意的，且在婚姻過程中成為家庭暴力案
　　件的受害者，就不須要再繼續維持婚姻關係，並
　　且可以提出申請綠卡而得到不需要等兩年的豁
　　免。

三、禁制令。在受到家庭暴力的情況下，受害人還可

以申請一個「禁制令」，禁止施暴的一方靠近自
己。如果施暴方因家庭暴力案件而被檢察官起
訴，受害人向檢察官要求，法院可以直接頒發禁
制令，如果施暴方沒有被刑事起訴，受害者可以
透過民事程序向法官申請禁制令。

另一個與家庭暴力相關的問題是跟蹤(Stalking)問題。配
偶或男女朋友分手之後、或是一方追求另一方的時候，經常發
生一方跟蹤另一方的事情。幾乎所有的州把跟蹤事件作為刑事
問題來處理。跟蹤的定義是，如果對你所知道的人或者是不認
識的人，並不想與你往來，但是你還是不斷地跟蹤或用電話等
方法進行騷擾，這樣就構成了跟蹤罪。受害人如果發現自己被
跟蹤，應該馬上報警，警方會採取行動。

89．如何申請離婚？

很多州允許法官宣佈婚姻無效，這樣就避免或解決了很多
因離婚而產生的官司。婚姻無效的英文是「Annulment」，其
含義是以為當初的婚姻是不合法的或沒有按照法定的程序來進
行，其實根本沒有結婚。構成婚姻無效的條件是：
一、婚姻是違法的婚姻。如一方有精神病、在酒醉的
情況、未成年的情況下及不知情的情況下「結
婚」。

二、騙婚。沒有把自己的背景向對方講清楚，如犯罪
　　記錄、性無能等。如果當時對方知道真實的情
　　況，是不會結婚的。當一方發現另一方存在上述
　　的兩個問題時，要儘快地向法院提出。

　　離婚之前的另一種情況是分居。分居也有兩種情形，第一
種情況是遺棄，也就是婚姻中的一方不辭而別。如果是這種情
況發生，就成為一個很強的離婚理由。在這種情況下，孩子的
監護權一般都判給被遺棄的一方。第二種情況是協議分居。分
居的協議是經雙方同意自願簽署的，其內容包括財產的分配、
孩子的監護權、配偶的贍養費數額、孩子的撫養費數額等。分
居協議具有法律效力，可以放在法院裡面保存，一旦雙方合
好，可以從法院中取回。

　　以前法院處理離婚的問題，要問清原因，發生了什麼問
題？誰對誰錯？這樣才能判定離婚。判定離婚的理由包括婚外
情、遺棄、虐待等。但是現在越來越多的州都允許No Fault
Divorce」，即無過失離婚。只要在是分居、意見不合、雙方存
在無法癒合的差異等情況下，單方可以提出離婚。美國有三十
五個州允許「過失離婚」和「無過失離婚」同時存在。另外一
些州大部份都接受「無過失離婚」。

　　在「無過失離婚」中，任何一方都不能單方阻止對方提出
離婚，只要其中的一方提出離婚，另一方不想離婚也不行。
「過失離婚」要分清誰對誰錯，這對離婚會產生影響，特別是
財產的分配。往往是被判定有過失的一方，分得的財產就會少

一些，還要向無過失的一方支付更多的贍養費。

　　離婚程序的第一步是應該找律師。因爲離婚涉及到雙方利益的衝突，因此離婚的雙方都應該分別找自己的律師。即使是協議離婚，還是涉及到利益的衝突，離婚的雙方還是要找各自的律師。

　　百分之九十五的離婚案都不會到法院進行，進入法院審理的離婚案只有百分之五左右，大部份離婚是通過協議離婚，但是離婚協議需要法官同意。法官對提出離婚者，要有居住時間的要求。不允許一搬到一個州馬上就提出離婚，一定要在這個州住上一段時間才能提出離婚。如果在所居住的州被允許離婚，其他州也應該承認，但是其他國家未必會承認。

90. 離婚時如何處理財務問題？

　　在法律界，離婚中所涉及到的問題很多都是有爭議性的，很多法官也承認離婚的案子非常棘手，甚至用最「Nasty」這樣的詞語來形容。有時，雙方爲了小額的財務而花費大筆的律師費。有時，雙方爲了一些小事而大打出手，從而使許多離婚官司演變爲刑事案件。

　　我們中國人有句話說，一日夫妻百日恩。如何婚姻走到絕頭，雙方都應退一步，否則透過訴訟來解決，最終將兩敗俱傷，而最後最大的贏家將是律師。因而，在離婚之前最好能找一個第三者來進行協調，達成一個協議，避免不必要的紛爭。

很多州也要求在離婚之前，雙方進行調解協商，以能找出一個和諧的解決方法。

美國有八個州對婚姻關係中的財產認定為是夫妻雙方的共同財產，即在婚姻關係期間，無論是夫妻雙方中誰賺的錢，都屬於夫妻雙方共有，所擁有的財產也是夫妻雙方共有，離婚時，通常也是平分共同財產，但是結婚前的獨立財產、別人贈送的禮物、自己繼承的遺產、受到人體傷害得到的賠償等原來就屬於個人的財產，在離婚時配偶可以單方保留。實行共同財產的八個州是加州、亞利桑納州、愛荷華州、內華達州、新墨西哥州、德州、華盛頓州和威斯康辛州。

在不實行共同財產的州，在對離婚的財產分配時，一般考慮如下的因素，婚姻的年限、雙方的年齡、工作技能、過去工作歷史、生活方式如何、誰擁有小孩監護權，誰照顧孩子、造成離婚的原因由誰來負責等因素，法官根據這些因素來決定財產的分配。

退休金爭議比較大，在財產的分配問題如果涉及退休金，應該向律師諮詢。還有一個就是雙方的債務的問題，在離婚後，如果一方的財務狀況比較好、另一方的財務不好甚至要破產，很可能雙方都仍要分擔債務，即使離婚雙方都仍可能有責任，因而，在離婚前應向專業的律師諮詢。

91. 離婚後可要求贍養費嗎？

　　贍養費的英文為「Alimony」，也稱配偶資助費。贍養費並非是離婚之後配偶會自動得到。法律上允許贍養費，主要是因為許多女性放棄了自己的職業，來全職照顧家務事及小孩。在這種男主外女主內的家庭中，一旦要離婚，放棄原來工作的女性將馬上面臨財務危機。支付贍養費的目的，是為了使離婚後的配偶生活能得到一定的保證。一般情況下是男方向女方支付，但是現在也有女方向男方支付的情況，主要的考慮是離婚後雙方的收入情況。贍養費分為兩種，一種是永久性的，另一種是過渡性的。

一、永久性贍養費。永久性贍養費的支付不受時間的限制，但是在責任方重新結婚、或死亡、或法院根據發生的特殊情況進行調整，可以停止支付或調整每月的數額。一般情況下，接受贍養費一方找到了工作、支付贍養費一方重新結婚後有新的家庭責任、或發生殘障，或失業等，法院都會對贍養費的支付做出重新的考慮。

二、過渡性的贍養費。過渡性贍養費的支付時間一般為二年到五年。在這段時間內，法院鼓勵接受贍養費的一方學習工作技能，出外工作而學會自給自足，獨立地生活。對於支付贍養費的時間，法官主要考慮雙方年齡、身體狀況、結婚的時間長短等因素。

支付贍養費的一方可以此來抵稅，而接受贍養費的一方不需要交稅，但是要向自己的會計師諮詢具體的處理方法。如果支付贍養費的一方宣佈破產，是不能免除繼續支付贍養費的。爲了避免對方發生突然的財務狀況而得不到贍養費，可以要求一次性的贍養費，而避免每月領取方式的破產風險。

92. 如何處理子女的監護權？

子女的監護權分爲兩個部份，第一部份是法律的監護權，英文爲「Legal Custody」，其含義是誰來爲孩子做決定；第二部份是人身的監護權，英文爲「Physical Custody」，意思是小孩和誰在一起居住。這兩類監護權又各自分爲兩種，第一種是全部的監護權，只有一方擁有孩子的全部監護權；第二種共同監護權，由雙方共同行使監護的權利。

很多案例中，法院把孩子的法律監護權和人身監護權都交給女方，但這不是絕對的。法官對孩子的監護權給男方還是女方所考慮的因素如下：

一、孩子的年齡和性別。如果是嬰兒，往往給女方；
 　如果孩子大一些，往往給男方。

二、孩子的意願。孩子的年齡越大，法官越會考慮孩
 　子的意願。

三、孩子與父母的關係。法官常常把監護權給與孩子
 　有比較融洽關係的一方，如果孩子經常與父母中

的一方發生衝突，法官經常會把孩子判給另外一方。

四、父母雙方的工作能力和收入。

五、父母雙方的居住環境。

六、父母雙方的身體狀況和精神狀態。

　　法院決定了監護權的判定之後，也會允許沒有監護權的一方有探訪的權利，即使離婚的雙方有很大的分歧或爭吵，法官允許探訪權。如果離婚後雙方關係不友善，法官仍可以授予探訪權，社會福利局會或兒童福利局等政府部門將對監護權的實施進行監管。如果法官認為祖父母與孩子的關係一直很融洽，而且一直有往來，探訪小孩將有利於他們成長，法官也會授予祖父母的探訪權。

　　如果沒有監護權的一方私自將孩子帶到外地或出國，在法律上構成了聯邦刑事罪。聯邦政府「父母綁架法案」專門是預防這類情況發生,其中規定了無監護權的父母一方如未經監護人同意而私自把小孩帶走，將構成綁架小孩的罪名。目前許多離婚後私自帶小孩回中國大陸或臺灣的案例，因而被美國執法部門通緝。此外，如果孩子的監護人發現小孩被帶走，應儘快報警，並通知自己律師。

93. 孩子的撫養金由誰負責？

　　每個州對孩子的撫養金(Child Support)都有不同的規定。法官的判罰是以孩子的實際需求，父母雙方的工作能力及經濟狀況等為依據的。聯邦政府規定，每個州必須立法去檢查孩子撫養金是否跟得上社會物價的上漲。

　　與贍養費不同，支付孩子的撫養金不可以抵稅，即使破產，責任的家長也不能逃避承擔對孩子的責任，法律往往要求家長繼續支付孩子的撫養金，直到孩子成年(十八歲)。

　　在判定孩子撫養費的同時，法官通常可以要求父母支付孩子的高等教育費用，即使小孩超出十八歲。為了確保孩子的撫養費得到保障，法官也要求父母購買收益人為孩子的保險，以防萬一父母任何一方發生意外而無力支付撫養金。

　　如果要求支付撫養費的一方逃避這一重大責任，沒有支付孩子的撫養費，使孩子不得不領取政府的救濟和醫療保險，很多地方政府把這種情況定為「逃避子女債務罪」，並列為刑事罪，重者可以被判一年以上的牢刑。很多地方的檢察機構都設立了專案小組，通過法律的手段強迫他們去償還政府為小孩提供的生活經費。越來越多的州政府已立法規定，如果應負責任者沒有履行自己撫養的小孩責任，或沒有向政府償還政府向小孩提供的救濟資金，政府還可以吊銷他們的駕駛執照，同時也可以吊銷他們的專業執照，如房地產經紀執照、醫生執照等。

　　許多新移民不瞭解這方面的法律程序，在法院裁定前沒有聘請律師替自己力爭，在法官裁決後，覺得裁定不公平時而就

對法院的裁定置之不理，或誤以為宣佈破產就可以解除所有的債務，或覺得撫養費與一般的債務一樣，拖欠都沒有問題。殊不知這樣做會引發出刑事責任。萬一需要支付撫養費的家長發生財務問題，應諮詢專業的家事法律師，向法官陳情，要求對小孩撫養費作一些調整。

第十章　公民與法律

94. 如何申請成爲美國公民？

　　美國是一個由移民組成的國度。來自全球各地的新移民在美國生根成長，來圓自己的花旗夢。越來越多的華裔新移民，都申請成爲美國公民。作爲美國公民，除方便家屬移民來美團圓外，還可以行使自己的公民權，讓美國主流社會知道我們華人也是美國的其中一員。

　　成爲美國公民有二種方式，第一是在美國出生，第二是經過移民歸化。

　　一、無論父母的身份如何，任何在美國五十個州及哥倫比亞特區及在美國屬地關島、波多黎各、美屬維吉尼島出生的人，都可以自動成爲美國公民。

　　　　如果父母都是美國公民，孩子在國外出生，也自動成爲美國公民，但是必須向所居住地的美國領事館登記。在國外出生的孩子其父母中的一方是美國公民，除要在向居住地美國領事館登記外，父母中的非美國公民一方還必須滿足在美國居住的條件，子女才可以申請成爲美國公民。

　　二、另一種成爲美國公民的方式是「歸化（Naturalization）」，新移民通過移民局的歸化

程序來完成。符合歸化成為美國公民的條件和資
格是：擁有綠卡五年、在美國長期性居住(在過去
五年中至少有二年半在美國居住)，或與公民結婚
擁有綠卡三年、年齡滿十八歲，會說英語、無重
大犯罪記錄(指坐牢一百八十天以上)、不在假釋
期。

　　申請美國公民的人，經過公民考試、面談，然後進行宣誓
儀式。歸化的移民必須放棄以前的國籍和對以前國家及任何其
他國家的忠誠，宣誓聲明自己會捍衛美國的憲法和國土，完成
宣誓儀式後就可以正式成為美國公民。美國公民考試的內容包
括美國的憲法和歷史兩大類，華文書店及中文黃頁都有這類資
料。
　　申請歸化成為美國公民的申請表格是N400。可以在網站
www.ins.usdoj.gov下載該申請表格。取得美國公民的資格是
終身享有的，但是如果被定為叛國罪，美國政府可以取消其美
國國籍。不過，一旦新移民成為美國公民後，如果不慎犯罪，
公民身份不會受影響，也不會被驅逐出境。

95．如何申請美國護照？

　　成為美國公民後可以申請美國護照。許多國家都會對美國
護照持有者提供免簽證的優惠。美國護照由美國國務院核發，

從申請之日到得到批准，大約需要四周的時間。成年美國公民的護照有效期一般為十年，十六歲以下美國公民的護照有效期為五年。

申請護照要首先拿到「DSP-11」的表格，這個表格可以從圖書館或郵局得到，也可以到網站www.travel.state.gov去下載申請護照的表格。

申請護照也可以到全國十三所護照申請辦公室去領取申請表格，但是需要事先預約。申請護照一般通過郵寄的方式進行，但是如有特別緊急的事情，需要儘早得到護照時，申請人可以直接到護照辦公室申請護照。全國十三所護照申請辦公室的聯絡電話分別是：

波士頓辦公室	1(617)878-0900
芝加哥辦公室	1(312)314-6020
檀香山辦公室	1(808)522-8283
休士頓辦公室	1(713)751-0294
洛杉磯辦公室	1(310)575-5700
邁阿密辦公室	1(305)539-3600
新奧爾良辦公室	1(504)412-2600
紐約辦公室	1(212)206-3500
費城辦公室	1(215)418-5937
舊金山辦公室	1(415)538-2700
西雅圖辦公室	1(206)808-5700
康州斯坦福特市辦公室	1(203)969-9000
華府辦公室	1(202)647-0518

如果是第一次申請護照或是申請人的年齡在十三至十七歲之間，申請護照必須是由本人攜帶證明自己身份的文件去親自去申請。申請護照所需要的文件有以前的護照（如果以前有的話）、出生證明（由郡書記官辦公室提供）、入籍歸化證明（如果不是美國出生）、身份證或駕駛執照、兩張最近的照片等。在很緊急情況下需要馬上領取護照，可以撥打緊急電話1(900)225-5674或1(888)362-8668。

96．美國公民海外旅遊注意事項？

自從911事件後，美國遊客在海外被攻擊的事件越來越頻繁，許多持著美國護照的民眾在海外旅遊時都要小心自己的安全。

美國國務院負責美國公民在海外的事務，會根據海外的情勢向計劃出國旅遊提供旅遊警告，提醒民眾哪些地區是屬於高風險地區？哪些地區應避免前往？在計劃出國前，最好到國務院的網址瞭解一下海外的最新動態，網址是www.state.gov。

如果你持美國護照在海外遇到困難，可以直接到當地的美國領事館尋求援助，美領館有責任向所有美國公民提供必要的緊急援助。如果不幸在海外被執法機構逮捕，根據國際公約，該外國政府必須在四十八個小時內知會美國領事館。

假若新移民持有外國政府護照，在美國本土被逮捕，執法機構必須在四十八小時內通知外國政府駐美的機構。不過，許

多地方執法部門都不瞭解此規定，除堅持要律師外，外國人士還可以要求通知自己政府的領事館，並要求見自己國家的領事。不過，被逮捕的外國人士也可以放棄通知領事館的權利。

如果是美國公民持有美國護照，進入加拿大是不須要簽証的。但是在入境時須要有如下的文件提供：第一，有效的美國護照（如果有的話），或第二，出生證明加上帶有照片的身份證明如駕駛執照，或第三，選民登記卡加上帶有照片的身份證明如駕駛執照，或第四，徵兵處提供的登記卡加上帶有照片的身份證明如駕駛執照，或第五，綠卡以及帶有照片的身份證明如駕駛執照。

如果十六歲以下青少年單獨到加拿大旅遊，加拿大政府還要求他們提供父母的旅行授權書。

如果持有美國護照，美國居民進入墨西哥也不須要簽証。但是在回美時，必須具備美國的護照、或者是出身證明加上身份證、或者是綠卡加上身份證。

97．美國的民權條款是什麼？

美國憲法的修正案中有十項是有關民權問題的，這十項修正賦予民眾很大的權利。這就是所謂的美國民權法案（Bill of Rights）。這些權利並非只是賦予美國公民，只要是生活在美國的民眾，都可以享受其中大部份的權利，並不會因為身份的問題而被剝奪。

　　這些民權包括言論自由、擁有槍支的自由、宗教自由、免受政府不合理檢查和沒收的自由、保持沉默的自由、要求快速公開審訊自己案件的權利、免受政府採取殘酷異常性懲罰的權利、在刑事案件中有交叉盤問對方證人的權利、聘請律師的權利、要求政府在刑事案中提供免費律師的權利、在民事案中要求陪審團審訊的權利、有權在政府徵收民眾財產時得到合理賠償的權利。

　　不過，這些民權也不是絕對的，政府因為社會的須要及變化而可以對某些權利作出一些限制：

一、言論自由。政府不能立法來限制民眾的言論自由，民眾可以談論任何的題目、任何的主義，政府不能予以懲罰。但是如果出現下列的情況，政府可以進行管理、干預及懲罰：

　　1. 言論可能引發立刻的危險。例如言論具有挑釁的意味，可以引起打架或其他暴力事件。

　　2. 言論可能引起公眾的驚慌。如在飛機上高聲大叫「有炸彈」，在戲院內高叫「救火」。

　　3. 商業性的言論，特別是一些不實的廣告。

　　4. 誹謗性的、惡意中傷他人的、下流的語言等。

二、集會自由。雖然憲法賦予民眾集會的自由，但是為了維護公共秩序及社會的安全，執法部門可以對集會進行合理的管制。政府不能管制集會的內容，但是可以管制集會的時間、地點，也可以要求集會者向政府管理部門申請集會許可。

三、宗教自由。政府不能干涉個人的宗教自由,因而
　　美國民眾不贊同政府支持和參與宗教的活動,一
　　般政府不能贊助或資助教會的活動,憲法也不允
　　許在公立學校中宣傳宗教。

四、民眾擁有的隱私權。民眾擁有自己的隱私權,這
　　些權利包括墮胎的權利、使用避孕藥的權利、個
　　人電話不受政府的監聽、電子郵件不受政府的攔
　　截等涉及到個人安全方面的隱私。但是自從911恐
　　怖襲擊事件發生後,國土安全法案及其他類似的
　　法案規定,如果政府的調查部門懷疑民眾與恐怖
　　分子有關係或涉嫌危及到國家的安全,可以向法
　　官申請一個法令,直接深入到民眾的個人隱私中
　　去收取情報及證據。越來越多的民權因為受到911
　　的影響及維護國家安全的需要,可能會逐漸地減
　　少。

98. 被選為陪審員時怎麼辦?

　　如果是美國公民、年齡在十八歲以上、在當地居住且無重
大犯罪記錄,必須參與陪審員的工作。陪審員的工作是,在參
與法庭審判案件的過程,從公正的立場來對涉案的雙方進行判
定並給出判定的結果。

　　陪審員的候選人名單往往是來自汽車管理機構等政府記

錄，因此法院會審查居民是否是符合陪審員資格，進行一個過濾的手續，而向一些法院認爲可能具備資格的民眾寄發資格審核表格。

華裔居民要特別注意，一旦收到陪審員資格詢問表時，一定要給予回覆。詢問表上會要求回答是不是美國公民及懂不懂英文，如果對這個表格不予回覆，可能會被認爲是具有當陪審員的資格，很快的的就會接到做陪審員的傳票。因此應該在詢問表格上如實填寫，迅速寄回，避免日後的麻煩。

當法院審查居民的資格而確定居民符合資格後，法院將向這些陪審員候選人寄出傳票，要求這些候選人在規定時間內去法院報到。一旦接到作陪審員的法院傳票，必須給予回應，否則就會被定爲藐視法庭行爲，輕者受到罰款，重者可以被法官判刑。

很多人有一些理由表示不能當陪審員，如身體健康的問題等。但是陪審員的需求量越來越大，很多理由已經不成爲理由，作陪審員是公民的義務，應該參與。

此外，作陪審員法院每天只會給幾元錢作象徵性的補助，法律上也並沒有規定僱主在僱員作陪審員期間一定要正常發薪。

99．美國當兵的義務及常識？

在美國，如果國會沒有宣佈進入戰爭狀態，加入軍隊是自

願的。不過，在戰爭的情況下，政府有權實施強制性徵兵。因而，政府為戰爭徵兵而設立了徵兵資料庫，每位年滿十八歲以上的男性公民，都應該向美國徵兵局登記。徵兵局的名稱叫「Selective Service System」，網址是www.sss.gov。

很多人認為「Selective Service」中的「Selective」是挑選或選擇的意思，因此誤認為「Selective Service」是一個介紹配偶的仲介服務機構。很多新移民接到「Selective Service」的信函後不知如何處理，經常把信函隨便丟掉，實際上這樣的信件是非常重要的。

法律規定，凡是年滿十八歲到二十六歲的男性青年，即使是持有綠卡而不具美國公民資格，也要登記。登記後徵兵局將回一張卡，表明已經登記。如果不進行登記，將來申請學生貸款、政府福利、政府工作都會出現問題：對持綠卡者，將來申請公民時會遭到移民局的盤問，可能會以此理由拒絕。

辦理徵兵登記的手續非常簡便，申請者只需要到當地的郵局索取表格，填妥後直接交給郵局寄出去就可以，如有任何問題可以到徵兵局的網站查詢。

100．美國選民投票的義務及常識？

在美國，選民投票既是權利，也是義務。成為選民，必須進行選民登記，然後才可以投票。凡是年滿十八歲以上的美國公民，都可以登記成為選民。如果不是美國公民而進行投票，

是違反美國法律的，會影響到以後申請公民。

　　成為美國公民，並不會自動成為選民，民眾必須到當地的選務機構辦理選民登記。如果不知道當地哪一個政府部門負責選民登記，可以向該州的州務卿辦公室(Secretary of State)查詢。在選舉期間，許多非營利機構以及候選人也會向選民提供選民登記的服務。

　　進行選民登記後，才會收到選票。在進行選民登記時，也可以對加入美國的政黨做出選擇。美國最大的兩個政黨是民主黨和共和黨，在填寫選民登記表時在所喜歡的政黨方框處做出標記，就成為該黨的黨員。在美國入黨無需介紹人、無需登記註冊和繳納黨費。一旦登記成為選民，幾乎是永久有效。但是在搬家或想改變黨派，只要重新作選民登記就達成。

　　美國的選舉非常多，地方選舉包括市議員、市長、學區教委、警察局長、檢察長等；州級選舉包括參議員、眾議員、州長等；聯邦層次選舉包括參、眾議員選舉以及每四年一次的總統大選。在各級的選舉中，也有一些提案和議案須要選民投票表決，這些提案和議案一旦獲得通過，也可以成為新的法規或法律。

　　對於華裔選民來說，如果不參加投票，就失去了自己的聲音。很多人平時抱怨法律上的不公平，但是如果不投票表達自己的意見，永遠沒有機會改變。不積極參與立法的改變，久而久之就會成為一個沒有聲音的族群。符合條件的華裔，一定要登記成為選民，一定要參加投票，一定要發出自己的聲音，這樣才能真正地維護自己的權益。

101．美國國土安全法案對移民的影響？

　　二零零二年十一月二十五日，布希總統簽署了「美國國土安全法案」，此舉是九一一事件後美國國會通過最具影響的法案之一。該法案授權總統在其內閣中增設國土安全部部長一職，並在該部下設四大署，它們分別是邊境及交通安全署、緊急救難署、生化放射物及核子反制署，和情報分析及建築保護署。

　　該法案對現時歸屬司法部的移民及歸化局進行大規模的改組，將目前提供執法及服務雙功能的移民局分開歸入國土安全部內，將對在美國的外國留學生及新移民有很大的影響。

　　該法案與移民權益相關的條款包括：

第一、設立邊境及交通安全署，職責包括阻止恐怖份子進入美國，執行現時移民局的執法功能（如邊境巡邏、驅逐非法移民、情報收集、調查及邊境檢查）。其下屬的邊境安全局還將負責所有管理及監督在美國就讀的外國留學生，要求所有招收外國留學生的學採用SEVIS電腦網絡，隨時向該局彙報外國留學生的動態。

第二、該法案將美國駐外機構簽發簽證的功能從現時的美國國務院轉入國土安全部，並要求駐外機構將所有簽證申請被拒簽的所有資料輸入電腦資料庫內，供執法部門參考；

第三、在國土安全部內設立入籍及移民服務局，負責

現時移民局所有服務部份的功能，如調整身份，庇護申請案等。

第四、該法案將移民申請案件在國土安全部被拒後的上訴功能保留在司法部，司法部將設立移民申請重審局，下設移民法庭，由司法部制訂出重審的標準，以及對移民法官的管理。

第五、在國土安全部內設立民權主管，該主管將負責調查所有該部內職員侵犯民眾民權，或有種族歧視行為，或濫用執法權力之類的投訴。該主管將每年向國會提供年度報告，讓國會間接監督國土安全部。

據初步的估計，新設立的國土安全部人員編制在十七萬到二十萬名職員間，將成為美國政府最具規模的機構之一，現時的各個機構將陸續改組。從整體而言，在未來幾年內，美國本土內對非美國公民的管理將變得更加嚴格，同時，對申請到美的外國人士的背景調查也將加強。民眾可以到國土安全部的網址查閱該部門的最新動態：www.whitehouse.gov/deptofhomeland/

此外，許多民權團體擔心國土安全法案的實施，將會在美國本土內引發一波排外風潮，帶有外國口音的第一代新移民將首當其衝。不過，現時全美各地有多家非營利的亞裔民權法律組織，向受歧視或受到不公平待遇的民眾，或民權受到侵犯的民眾，或低收入而無力聘請律師的新移民提供法律援助。在洛

杉磯，華裔民眾可以向南加州亞太法律服務中心求助，其網址
為：www.apalc.org；舊金山的華裔民眾可以向亞太法律援助
社求援，其網址為：www.asianlawcaucus.org；紐約的華裔民
眾可以向亞美法律援助基金會聯絡，其網址為：www.aaldef.
org；美國其它地區的華裔民眾可以向全美亞美法律援助聯盟
查詢，其網址是：www.napalc.org。

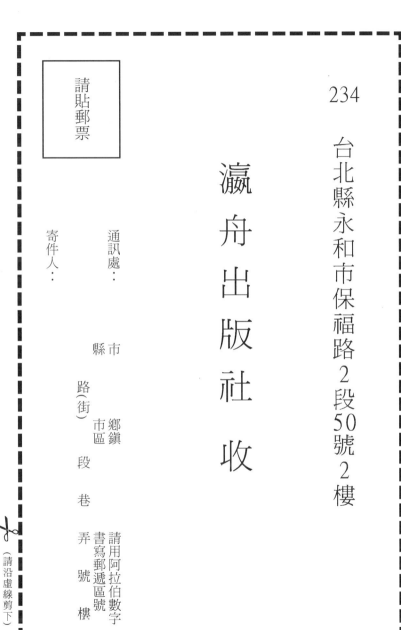

234

台北縣永和市保福路2段50號2樓

瀛舟出版社收

請貼郵票

通訊處：

寄件人：

市
縣

鄉鎮
市區

路(街)

段

巷

弄

號

樓

請用阿拉伯數字
書寫郵遞區號

瀛舟叢書讀者服務卡

謝謝您購買這本書，為了提供更好的服務，敬請詳填本卡各欄後，寄回給我們 (請貼郵票)，您就成為本社貴賓讀者，將不定期收到本社出版品、各項講座及讀者活動等最新消息。

您購買的書名：_____

購買書店：_____ 市 / 縣 _____ 書店

姓名：_____ 年齡：_____ 歲

性　別：□ 男 □ 女　　婚姻狀況：□ 已婚 □ 單身

通信處：_____

電話：_____ 傳真：_____ Email：_____

職　業：　□ 製造業　　□ 資訊業　　□ 大眾傳播　□ 公
　　　　　□ 服務業　　□ 自由業　　□ 農漁牧業　□ 教
　　　　　□ 金融業　　□ 學生　　　□ 軍警　　　□ 其他

教育程度：　□ 高中以下　　□ 大專　　　□ 研究所

您習慣以何種方式購書？
　　　　　□ 逛書店　　□ 劃撥郵購　□ 電話訂購
　　　　　□ 傳真訂購　□ 團體訂購　□ 銷售人員推薦
　　　　　□ 其他 _____

您從何處得知本書消息？
　　　　　□ 逛書店　　□ 報紙廣告　□ 廣播節目　□ 書評
　　　　　□ 親友介紹　□ 電視節目　□ 其他 _____

建議：

瀛舟出版社

電話：(02) 29291317　傳真：(02) 29291755
e-mail: enp_tw@yahoo.com.tw

（請沿虛線剪下）

法律叢書 01

美國生活實用法律手冊
American Laws 101 - a Handbook for Everyone

作　　　者 / 鄧 洪 律師著
社　　　長 / 趙慧娟
總 編 輯 / 阮文宜
責 任 編 輯 / 杜晴惠
內 文 排 版 / 方學賢
法 律 顧 問 / 趙飛飛 律師
出 版 發 行 / 美國瀛舟出版社 (Enlighten Noah Publishing)
　　　　　　　地址：3521 Ryder Street, Santa Clara, CA 95051, USA.
　　　　　　　電話：1- 408-738-0468
　　　　　　　傳真：1- 408-738-0668
　　　　　　　電子郵件：info@enpublishing.com
　　　　　　　台北瀛舟出版社
　　　　　　　地址：台北縣永和市保福路 2 段 50 號 2 樓
　　　　　　　電話：(02) 2929-1317
　　　　　　　傳真：(02) 2929-1755
　　　　　　　郵撥：19573287
總 經 銷 / 時報文化出版企業有限公司
　　　　　　　地址：台北縣中和市連城路 134 巷 16 號 5 樓
　　　　　　　電話：(02) 2306-6842
初 版 日 期 / 2002 年 12 月
國 際 書 碼 / ISBN 1-929400-75-6
定　　　價 / NTD400.00
登 記 證 / 北縣商聯甲字第 09001622 號
印　　　刷 / 世和印製企業有限公司